# J'AIME PAS LES GENS

**Direction éditoriale:** Stéphane Chabenat
**Éditrice:** Coralie Delvigne
**Conception graphique et mise en pages:** Soft Office
**Conception couverture:** Thomas Hamel
**Illustrations:** Baptiste Staub

Les Éditions de l'**Opportun**
16, rue Dupetit-Thouars
75003 Paris
**www.editionsopportun.com**

BAPTISTE STAUB

# J'AIME PAS LES GENS

## RECUEIL D'UN MISANTHROPE

Opportunéditions

AFIN D'ÉVITER TOUT ACCIDENT D'EGO, VEUILLEZ DÉPOSER VOTRE SUSCEPTIBILITÉ AINSI QUE VOTRE PREMIER DEGRÉ DANS LA CORBEILLE PRÉVUE À CET EFFET.

# INTRODUCTION

Que dire, que dire pour introduire ou même justifier ce que vous vous apprêtez à lire? À l'heure où le dogme du positivisme et de la bien-pensance domine un peu plus chaque jour nos comportements, pouvons-nous encore assumer nos émotions négatives sans passer pour un odieux connard ou pire, pour un chroniqueur de CNews? Ça y est, je commence déjà les hostilités alors que je m'étais promis de rester lisse durant cette intro. Laissons le temps aux plus sensibles de reposer ce livre avant qu'ils ne soient outrés par tant de méchanceté gratuite. Si je peux m'éviter une fatwa de la part des croisés de la *cancel culture*, ça m'arrangerait. En même temps, les réseaux, j'y suis autant que chez le dentiste – c'est vous dire l'état de mes dents.

On pourrait facilement croire que l'auteur qui se cache derrière ce torchon que vous vous apprêtez à lire est une âme tourmentée dont le père écrasait ses mégots sur le torse, pendant que sa mère lui tressait de jolies nattes. Malheureusement, il n'en est rien. J'ai eu une enfance qui rendrait jaloux les gamins dans les pubs de céréales et d'ailleurs, c'étaient des cigarillos.

Bon, je sens que la bête commence à s'agiter dans sa cage. Elle sait que c'est bientôt son heure, qu'elle va enfin pouvoir rentrer sur scène et s'en donner à cœur joie. Il est temps pour moi de quitter l'arène. Avant de lever le loquet, un dernier avertissement: si vous voyez que la bête vous a pris pour cible, ne paniquez pas. De toute façon, elle n'aime personne. Quand elle aura fini de jouer avec la dépouille de votre susceptibilité, elle passera à une autre victime. Elle est insatiable.

# L'ORTEIL PUDIQUE

Qui n'a pas un jour souhaité rectifier à grands coups de talon la dentition de l'odieux personnage qui ne daigne pas enlever ses chaussures une fois passé le pas de votre porte?

Vous l'invitez chez vous, probablement pour un repas ou un apéro. Vous avez donc fait un minimum de ménage pour accueillir votre invité dans des conditions agréables. Vous avez même, chose assez rare pour le souligner, passé la serpillière. Malgré tout, ce fils de hyène pense que deux brefs allers-retours sur votre paillasson vont rendre ses semelles aussi propres qu'une paire de chaussettes fraîchement sorties de la machine à laver.

Le mec, pour venir chez vous, a pourtant marché sur le trottoir... Et donc, après avoir joyeusement gambadé façon Laura Ingalls au royaume des chewing-gums, crachats et autres fluides corporels pouvant sortir d'un clebs – ou d'un mec bourré –, il arrive finalement chez vous, une bouteille de vin blanc Marque Repère sous le coude, et piétine allègrement votre splendide tapis persan, marchandé d'une main de maître au vide-greniers de Noisy-le-Roi.

Peut-être est-il ultramaniaque, et considérant notre petit chez-nous aussi sale que la pire des stations de métro, ne juge pas utile d'ôter ses souliers. Ainsi, il évite de poser ses chaussettes rutilantes sur notre lambris crasseux. Crasse qu'il devra alors ramener dans la bulle stérile qui lui sert d'appartement.

Ou alors peut-être souhaite-t-il cacher un trou dans sa chaussette laissant apparaître une horrible difformité à l'image d'un orteil ressemblant vaguement à Depardieu.

Après, il existe aussi ceux qui gardent leurs chaussures dans leur propre maison, mais là, c'est comme les mecs qui se lèchent les doigts pour tourner une page… ça me dépasse.

IL A PAS VOULU ÔTER SES CHAUSSURES... ALORS JE LUI AI ÔTÉ LES PIEDS !

AVANT VOUS AVIEZ LA GUILLOTINE, AUJOURD'HUI ILS ONT LE HASHTAG. ... ÇA TE LA COUPE HEIN?
DANTON 1759 - 1794

# LES RÉVOLUTIONNAIRES DU WEB

On en a tous un tapi dans les tréfonds de notre liste d'amis. Ce ne sont pas des proches, pourtant ils squattent sans vergogne une bonne partie de notre mur d'actu Facebook. Jour après jour, ils nous bombardent de posts «choc» destinés à nous ouvrir enfin les yeux sur les terribles injustices de notre monde. Trouvant toujours de nouveaux combats à mener, ces paladins infatigables sont investis d'une mission sacrée: que nous sachions!

Tel un phare dans la nuit de notre ignorance, ils sont les gardiens des consciences. Grâce à eux, nous connaissons dorénavant les terribles dangers du gluten. Grâce à eux, nous ne pouvons plus ignorer les égarements de nos chères multinationales adorées.

Aller dans la rue manifester? Pour quoi faire? Grâce à la technologie, ces Robespierre du Net peuvent aisément, sans s'éloigner de la machine à café, «défendre» le petit producteur éthiopien qui se fait entuber par Segafredo. Bravant la censure, ils «partagent» sans relâche des infos exclusives trouvées après d'âpres recherches sur des sites d'investigation tels que Topito. Armés de leur courage et d'une bonne 5G, ils se voient comme des chevaliers de la Vérité. Tremble, WikiLeaks!

Alors, à tous les Julien Assange en carton: la prochaine fois que vous baignerez dans votre propre hypocrisie en partageant entre deux commandes Amazon un énième post militant écolo grâce à votre iPhone flambant neuf, prenez deux secondes, respirez un grand coup, tournez la tête et regardez-vous dans votre miroir IKEA. Vous y verrez un mouton de plus habillé en H&M qui, pour se donner bonne conscience, emmerde tout le monde en essayant de se persuader qu'il tient plus de Che Guevara que d'Hanouna.

# LES BÛCHERONS DES VILLES

Bienvenue chez les hipsters! Tribu des éclairés qui se sont écartés de la masse ruminante afin de rejeter en bloc le consumérisme et les tendances qui dictent notre monde moderne. Tous rassemblés sous un unique commandement: l'authenticité.

Ce qui caractérise avant tout le hipster, c'est un style vestimentaire qui exclut les grandes marques. Porter du Nike vous vaudra une lapidation à la patate douce, bio et issue du circuit court, cela va de soi.

Antithèse parfaite du pédophile, il n'y a que le rétro qui les excite. Certains puristes ont depuis longtemps délaissé leur Apple Watch pour une montre à gousset vintage. Grand pragmatique, quand mamie casse sa pipe, le hipster, bien que triste, y voit aussi l'occasion de refaire sa garde-robe et d'enfin mettre la main sur le cardigan qu'il convoitait jalousement depuis des années.

Pour compléter son look, le hipster se doit d'arborer une barbe bien garnie. Dans les «clusters hipster», les implantations de barbe par acte chirurgical sont en plein boom. Des poils de cul sous le nez, c'est ça l'authenticité!

On pourrait croire qu'avec son style de bûcheron, le hipster affectionne les milieux ruraux. Bien au contraire, animal purement urbain, il cherche l'effet de décalage avec son environnement. C'est sûr qu'un mec sapé comme Louis la Brocante au fin fond de l'Ardèche, niveau décalage, on a vu mieux.

Cherchant à tout prix à se démarquer de la masse, le hipster fuit comme la peste ce qui devient populaire. Le mainstream est à bannir et l'underground, lui, est sanctifié.

Comme il fallait s'y attendre, le mouvement a été digéré par la culture populaire. Certaines grandes marques en ont même fait un argument de vente pour nous refourguer de la came «authentique» *made in China*. Et comme mainstream n'est pas hipster, j'attends donc avec impatience la mort de ce mouvement snobinard dans un grand et onirique hara-kiri culturel général... Ça va être tellement beau!

QUAND ON Y PENSE, VIVRE C'EST TRÈS MAINSTREAM.

J'AI TOUJOURS PRÉFÉRÉ UNE BONNE VIEILLE PAIRE DE RANGERS !

# LA CHLAQUETTE

Petit néologisme pour désigner cette mode subtile (si on peut appeler cette déviance ainsi) qui consiste à porter une paire de chaussettes (de sport, de préférence) avec des claquettes de maître-nageur. Grand adepte du « pourquoi ?! », j'avais beau me retourner le cerveau, je n'arrivais pas à comprendre comment quelqu'un en était arrivé, et ce sans aucune forme de menace, à associer deux accessoires que tout oppose et à affronter le regard des autres dans la rue en toute détente.

Ma première hypothèse, originale, je vous l'accorde, était que ces pauvres bougres possédaient des pieds avec une double personnalité. Des arpions schizophrènes qui voulaient que leurs orteils respirent... mais pas trop quand même.

Puis j'ai eu une révélation. Cette petite excentricité vestimentaire est, selon moi, le signe distinctif d'une société secrète. Un culte mystérieux dont les membres ont renoncé à leur amour-propre. Liés dans le non-style absolu, ces adorateurs de claquettes Scholl rejettent en bloc le bon goût et la bienséance. Anarchistes jusqu'au bout des orteils, ils exhibent d'un pas impérieux leurs convictions dans les rues de nos cités.

L'histoire raconte que ce mouvement occulte a explosé le jour même de la mort de Karl Lagerfeld.

Étrange, quand on sait de source sûre que la «chlaquette» est originaire d'Allemagne. Ce gardien du style avait jusqu'alors réussi à contenir aux frontières de son cher pays natal ce sinistre mouvement.

*Rest in peace*, sire Lagerfeld.

# LES RÉSERVEURS

On est d'accord, faire la queue, ce n'est clairement pas l'éclate. T'es là à attendre ton tour au milieu d'autres humains. Les minutes passent aussi lentement qu'un manchot nageant le 100 mètres papillon. Tu n'as qu'une envie, c'est que ça se termine, mais dommage, devant toi se trouve un «réserveur».

Un réserveur est une personne qui pense que sa simple présence permet de réserver une place à une ou des (soyons fous) connaissances qui ne sont évidemment pas toi.

Je contextualise: tu fais la queue depuis une plombe devant un stand de crêpes et là, alors que c'est bientôt ton tour, le visage de la personne devant toi s'illumine d'un sourire radieux. Malheureusement, ce n'est pas ta bonhomie naturelle qui provoque cette réaction, mais deux personnes de sa connaissance qui apparaissent derrière toi.

Et là tu sens la douille venir... la discussion et les bises s'amorcent: «*Ça va, vous n'avez pas trop eu de mal à vous garer?*» et l'autre qui répond: «*Vingt minutes à trouver une place, tu te rends compte?*» Échange qui te fait clairement sentir qu'ils ne sont pas près de bouger leurs sales carcasses de resquilleurs. Tu l'as dans l'os, ton estomac devra alors attendre encore quelques minutes de plus avant de se gaver de crêpes au Nutella.

On peut aussi parler des poseurs de manteaux? Tu as payé ta place comme tout le monde, tu as fait la queue comme tout le monde, mais dommage pour toi, un glandu arrivé avant a usé du droit divin de réservation que lui octroie son manteau. Du coup, tu te retrouves comme un con à t'excuser d'avoir failli froisser ledit manteau tout en cherchant du regard une autre place dénudée.

Tu as aussi ceux - et ce sont de loin les meilleurs - qui se plantent raides tels des épouvantails au beau milieu d'une place de parking. Le but? Empêcher quiconque de se garer à la place de leur acolyte qui se trouve à deux cents mètres de là. Ils sont prêts à faire barrage de leur corps, espérant ne pas tomber sur un barjo pour profiter de cette place. Face à autant de pugnacité et de bêtise, il ne reste qu'à s'incliner. Vous ne gagnerez jamais, ce sont des fanatiques.

OUBLIEZ CE QUE J'AI DIT, C'EST DES GÉNIES EN FAIT !

JE SAIS CE QUE VOUS ALLEZ ME DIRE MAIS J'ÉTAIS BOURRÉ AUSSI !

# DÉCALCO MANIA

Je sens que je ne vais pas me faire que des potes sur ce coup-là. Qu'on soit clair, je ne parle pas de tous les tatoués. Non, mes pensées vont principalement vers ceux qui, par leur goût et leur sens de l'esthétisme, tutoient les étoiles.

Sans rentrer dans les détails, le tatouage était surtout en Occident un art marginal, arboré par ceux qu'on avait mis au ban de la société. Tout ça pour dire que dans le temps, se faire tatouer était un acte fort. Un acte qui hurlait aux visages des «normaux»: «Je ne ferai plus jamais partie de votre monde!»

Aujourd'hui, c'est plus la même limonade. Ce qui était marginal est devenu banal. Dorénavant, on se fait marquer à vie comme on achèterait une paire de pompes. Comme c'est parti, ce seront bientôt les non-tatoués qui seront originaux.

Au top du style, juste au-dessus de la nuque longue, on trouve trois grandes familles:

**Les devises:** «Poursuis tes rêves», ou encore «*Only God Can Judge Me*», autant de niaiseries motivantes que les mecs se tatouent généralement sur les avant-bras (l'originalité je vous dis) comme des pense-bêtes indélébiles parce qu'ils sont trop tartes pour se rappeler une maxime censée régir leur vie.

**Les icônes geeks:** Un mec qui a un Pokémon tatoué sur le mollet à 20 ans, c'est marrant, mais à 60...

**Les dates importantes:** En chiffres romains, s'il vous plaît. Parce qu'il faut que ça reste un minimum intellectuel.

On entend souvent: «Ce tatouage, c'est pour moi que je l'ai fait!» Au contraire, le tatouage est un message que vous imposez à la vue de tous. Chaque personne que vous croiserez connaîtra alors un petit bout de vous. Si c'est vraiment pour vous et vous seul que vous le faites, tatouez-vous un bon gros «*Carpe Diem*» sur le SIF. Là, c'est clair, ça sera vraiment que pour vous... et votre esthéticienne.

# RESTAU-PHOTOS

Prenez un gars qui, à l'âge de 12 ans, décide de s'orienter vers la cuisine. Il passe un BEP, arrive à trouver une place d'apprenti dans un restau. Là, il bosse plusieurs années à apprendre toutes les bases. Sous-payé et sous pression, le type ne lâche rien et obtient finalement ses diplômes pour devenir... commis. Un super job où tu es, pour la faire courte, la boniche des cuistots. Cuistots qui sont bien sûr aussi passés par là. Normal que les suivants payent. Le type passe alors sa vie en cuisine avec des horaires de hiboux sous amphètes. Sans parler de la cadence de travail. Ça n'est pas lui qui peut se payer le luxe de se taper un p'tit Candy Crush® discrétos au fond de l'open space.

Bref, après des années de dur labeur, à avoir appris toutes les ficelles du métier, il a enfin développé sa propre vision de la cuisine. L'apprenti laisse place à un artiste des fourneaux, un cador de la casserole. Il prend alors le risque d'ouvrir sa propre affaire. Il imagine une carte novatrice en y mettant son cœur et ses tripes. La finalité de toutes ses années de travail se retrouve dans ce disque de porcelaine qu'il apporte fièrement à votre table...

Et là, sans jeter un œil sur le plat, sans même sentir les arômes délicats et complexes que dégage votre assiette, vous dégainez votre saleté de Smartphone façon Texan qui aurait vu un vegan sur sa pelouse et cherchez l'angle parfait, le filtre qui va bien. Sans même un regard pour le serveur ou le cuistot. Vous êtes en tête-à-tête avec votre prochain post Insta.

Votre besoin insatiable de « partager » votre vie si palpitante que le moindre événement mérite un shooting photo vous fait perdre de vue l'essentiel...

C'est en train de refroidir, bordel !

MAINTENANT QU'ILS SONT CRAMÉS SUR LES RÉSEAUX, AUTANT POUSSER LE CONCEPT JUSQU'AU BOUT NON ?

# LES INFLUVOLEURS

Oyez ! Oyez ! Misérables et va-nu-pieds.

Venez écouter le récit d'un duel de grandeur.
Celui de Booba le preux, face aux vils influenceurs.

Sombres créatures,
de leurs charmes de persuasion usant,
Allègent sans vergogne, la bourse
du candide manant.

Vantant les mérites des crèmes miraculeuses
et autres placements boursiers,
Ils font miroiter un rêve pervers,
celui de leur ressembler.

Il n'a point fait d'études, mais a fait *Les Anges 7*.
Son expertise, j'en suis sûr, est viable et honnête.

Voilà ce que devait se dire le gueux crédule
Dans un coin de sa tête.

Enchaînant des Tweets de plus en plus meurtriers,
Le Duc passa ces pourceaux au fil de son phrasé.

Finalement, un texte de loi fut adopté.
Le festin de ces sangsues était alors terminé.

Pour leurs arnaques sonna enfin le glas.
Maintenant, adieu Dubaï, retour au RSA.

Mais pour terminer cette fable
et qu'elle rentre dans les annales
Il me faut, chers lecteurs,
y trouver une bonne morale:

*On ne peut blâmer le loup qui se feint du mouton,*
*Car c'est au berger de les rendre moins cons.*

# LE CBD (C'EST BIDON)

Il n'y a pas plus gros pigeon dans l'Histoire de la pigeonnerie qu'un fumeur de CBD. À mettre dans le même sac que les mangeurs de steaks de soja. «*J'te jure, on croirait vraiment avoir le goût de la viande rouge en bouche*»... Et mon cul, c'est du tofu?

Malgré leurs belles résolutions, la frustration du manque s'installe peu à peu. Elle grandit, jusqu'à ce qu'il faille trouver un pansement pour contenir cette envie d'y retourner juste pour goûter une dernière fois. Repoussant tant bien que mal l'instant fatidique de la rechute, ils essaient de calmer l'adepte du trois feuilles possédant sa carte Platinum chez Hippopotamus qui sommeille en eux.

Et c'est ainsi qu'on se retrouve avec du «cannabis légal». Sans déconner, de la drogue politiquement correcte. La drogue c'est censé être tout le contraire, non? Tant qu'on y est, faisons de la cocaïne léga... ah bah non, ça existe déjà en canette. Oubliez ce que j'ai dit.

Pour résumer, ça en a l'aspect, ça en a le goût et l'odeur, mais en ce qui concerne l'argument de vente principal de la fumette, là vous obtiendrez plus d'effet en sniffant à pleins poumons le tube de colle du petit.

De Musset a écrit: «Qu'importe le flacon pourvu qu'on en ait l'ivresse.» Bah maintenant, l'ivresse, tu te la fous derrière l'oreille et c'est l'emballage qui compte. Au fond, le CBD résume assez bien notre monde actuel : rien que de la forme et de moins en moins de fond.

Faire une conclusion pareille, avec pour sujet de base le CBD... Je suis en forme moi aujourd'hui. Allez, je vais me descendre une petite Tourtel, je l'ai bien méritée !

FUMER DU CBD C'EST COMME LE PAINTBALL. ON PERD TOUT L'INTÉRÊT DU RÉEL !

GRENADE LACRYMO, CHECK ! COUTEAU DE COMBAT, CHECK ! J'ESPÈRE QUE J'AI PAS OUBLIÉ MA CARTE DE FIDÉLITÉ...

# TORTURE SABBATALE

Si l'on devait mettre au goût du jour les douze travaux d'Hercule, faire ses courses un samedi aprèm ferait obligatoirement partie de la liste. J'aurais bien aimé le voir, l'autre bodybuildé en jupette, troquer sa massue contre un Caddie bringuebalant et une liste d'emplettes longue comme la queue... de cheval de Steven Seagal; à l'assaut des rayons aux heures de pointe. Là, se fritter contre une hydre, ça fait tout de suite p'tit joueur.

Tout misanthrope qui se respecte évite avec soin certains lieux. À vrai dire, c'est même la base de la discipline. Ainsi, concerts, fêtes foraines et autres joyeusetés regroupant plus de dix clampins sont bannis.

Cependant, il faut bien manger et donc se procurer ce manger. Et question chasse, disons que mon alcoolémie n'est malheureusement pas assez *high level* pour avoir ma carte de membre. J'essaie pourtant...

Il y a bien les drives. Mais ils n'ont jamais en stock les Danette choco-noisette que j'aime tant... Nous voilà donc obligé d'affronter des hordes de badauds en survêt traînant leurs gamins infernaux en pleine crise de «*On peut prendre ça?*»; à slalomer entre les chariots laissés en plein milieu de l'allée par des abrutis partis chercher une botte de carottes deux rayons plus loin. «*Mais c'était juste pour quelques secondes*», se défendra-t-il. C'est dingue comme la notion de temps est relative. Par exemple, je suis persuadé que s'il devait se prendre malencontreusement ses carottes dans un endroit où elles ne sont pas censées pousser, ces quelques secondes seraient alors interminables.

Pour finir, il y a les retraités, qui hantent le rayon des conserves le samedi à 9 heures pétantes... Peut-être cherchent-ils déjà à s'accoutumer à passer du temps parmi les boîtes?

Reste l'ultime solution, la livraison à domicile. Mais je crois que finalement, je suis plus pingre que misanthrope. Mes parents ont fait du bon boulot avec moi. Faudrait que je passe au rayon conserves pour les remercier un de ces quatre.

# ESPRIT REBELLE

« Les Français sont des râleurs qui se plaignent constamment. » C'est vrai ! Mais sachez qu'on peut faire mieux... Car on peut être Français ET prof. Là vous obtenez le nectar de la grogne, la Ligue 1 du OUIN OUIN. Calimero à côté, c'est un junkie qui s'enfile du Prozac comme des Tic-Tac.

Sur toute votre scolarité, combien de profs vous ont donné envie de lâcher la partie de Snake que vous faisiez discrètement sous votre pupitre pour gratter frénétiquement de la copie double ? Là, vous avez commencé à compter et je suis sûr que vous n'avez pas réussi à ouvrir tous les doigts de votre main gauche. Car, il faut l'avouer, la plupart des profs n'en avaient rien à taper. Sauf les profs d'Histoire, mais faut dire que quand t'es passionné d'Histoire, professionnellement, niveau choix, on est loin du club échangiste.

Ils se plaignent de leurs conditions de travail. Sans déconner, ils sont les seuls en France à avoir seize semaines de vacances. Cent douze jours de vacances, bordel ! Certains ne bossent pas les mercredis. Leur journée est entrecoupée de récréations où ils peuvent confisquer de la carte Pokémon à gogo et ainsi parfaire une collection qu'ils vendront une blinde pour financer leur retraite dorée à Phuket.

Ils détestent les élèves qui sont de plus en plus cons, les parents qui sont de plus en plus intrusifs et leur hiérarchie qui les écoute de moins en moins. Ils sont seuls tels Léonidas et ses braves face à la bête immonde qu'est le monde réel.

Le problème est qu'étant habitués à être l'autorité suprême dans leurs classes, ils encaissent moyennement de ne pas avoir le même impact en dehors de leur sanctuaire. Comme ils en ont plein l'intercalaire et qu'ils ne peuvent pas pourrir le ministre de l'Éducation dans son carnet de liaison, les enseignants sont adeptes d'un autre truc très *frenchie*: la grève.

Ainsi, quand l'appel de la manif se fait sentir, ils dégainent les banderoles et battent le pavé pour manifester leur mécontentement. Heureusement que les parents peuvent sacrifier un de leurs vingt-cinq jours de congé pour garder leurs mômes et ainsi pouvoir les aider dans la lutte pour leurs revendications.

CROYEZ-MOI LES ENFANTS, SI VOTRE PROF FAIT CE MÉTIER, C'EST QU'IL DEVAIT PAS ÊTRE SI BON QUE ÇA À L'ÉCOLE.
TAC

DU COUP C'EST LAQUELLE QUI FAIT LE PLUS MAL AU CUL ?
BIO 12€/KG
3€/KG

# BIOMAN

Pollution, déforestation, extinction de masse, tant de menaces qui hantent tes nuits et t'empêchent de trouver le sommeil. Tant de tragédies qui te font dire: « Hey ho, il est temps de réagir ! »

Il est temps qu'un nouveau héros se dresse face à cet avenir apocalyptique. Un héros qui emmènera l'humanité tout entière vers la rédemption écologique.

À défaut d'avoir des superpouvoirs, toi, tu as de super convictions et une volonté en adamantium. La Batmobile, ça ne marche pas au GPL, du coup tu as investi toutes tes économies dans un véhicule électrique. Bon, niveau design, on change de catégorie, sauf si tu lâches un rein pour choper le Cybertruck d'Elon.

Manger de la viande est devenu une aberration. Alors, finies la barbaque et toutes les protéines animales, au diable le faste des soirées raclettes !

Tu es devenu le chasseur des interrupteurs laissés allumés, le pourfendeur des robinets qui gouttent. L'emballage est ton Némésis et tu préfères utiliser des sacs en papier pour trimballer tes légumes, même si tu dois en utiliser dix pour éviter qu'ils ne se percent. Avant tu allais en boîte de nuit, aujourd'hui c'est la ressourcerie *the place to be*.

Tu traques les gaspillages alimentaires sous toutes ses formes, s'il y a un chewing-gum collé sous un siège de bus, il est pour toi. C'est d'ailleurs la seule exception qui t'écarte de ton régime alimentaire sans gluten.

Oh toi, héros des temps modernes. Toi, l'Avenger sans glyphosate qui nous préserve d'une fin inévitable. Telle une piste cyclable, tu nous montres la voie vers des lendemains plus responsables. Merci !

Merci ! Tes efforts acharnés, ton abnégation sans faille m'ont permis de comprendre le plus important... Plus les écolos seront nombreux et moins ma culpabilité de consommateur compulsif sera lourde à porter. Comme mon nouveau vison, tiens.

# CATHOS LOCOS

Pour les touristes, Versailles a tout pour plaire. Avec son sublime château et ses parcs somptueux, on peut aisément comprendre pourquoi certaines personnes claquent trois mois de salaire pour traverser la moitié du globe et ainsi pouvoir flâner dans le dernier bastion du nom à particule.

En réalité, la carte postale n'est pas si royale qu'il n'y paraît. Car, au milieu des touristes, un gang spécialisé dans le trafic d'hosties et d'eau bénite sévit depuis des décennies. Encore traumatisés par les événements de la Révolution française, ils dirigent la ville dans l'ombre sans attirer les soupçons du gueux et de son goût prononcé pour la décapitation.

Afin de pouvoir se reconnaître entre membres du clan, les adeptes portent certains signes distinctifs qui déterminent le rang social auquel ils appartiennent. Ainsi, porter un polo couleur pastel avec un pull-over noué autour du cou vous vaudra le respect des novices. Novices facilement reconnaissables à leurs chaussettes hautes et aux shorts en velours côtelé qu'ils portent même en hiver. Une sorte de bizutage, semblerait-il...

Ces criminels en serre-tête n'hésitent pas à recruter dès le plus jeune âge. Avoir six enfants est un minimum pour pouvoir être pris au sérieux au sein de l'organisation. Plus vous ramenez de jeunes adeptes, plus vous montez dans la hiérarchie. La poussette double est aux Versaillais ce que la Harley est aux Hell's Angels.

Les «cathos» comme on les appelle dans le milieu, vouent une haine farouche envers un autre gang, celui des «homos». Une hostilité tenace enracinée par une profonde jalousie. Car comme il est écrit dans le premier précepte du gang: «Pas de sodo pour les cathos.»

C'est vrai qu'il y a de quoi avoir la haine!

THUG LIFE...

BIENVENUE SUR « FOUTEZ-LES TOUS DEHORS ! » AU PROGRAMME DE CETTE ÉMISSION...
ILS ONT CHANGÉ DE NOM CHEZ CNEWS?

# PISSE-COPIE

Encore une profession qui avait une certaine noblesse mais qui, désormais, est aussi reluisante que les vendeurs de tours Eiffel qui traînent au château de Versailles... cherchez l'erreur.

Beaucoup de monde déteste les journalistes, les accusant d'orienter l'information, de bosser pour les grands patrons et autres lobbys du papier toilette... Ah la Covid, que de souvenirs!

Le problème, c'est que le terme «journaliste» peut désigner des profils bien distincts. D'un côté, vous avez ceux dits d'«investigation» qui n'hésitent pas à mouiller le bloc-notes pour dénicher des scoops pouvant faire claquer du SIF l'establishment. De l'autre, vous avez ceux qui ponctuent les titres de leurs articles par des accroches putaclic. C'est comme si on mettait dans la même équipe notre Griezmann national et Dédé, 48 ans, centre droit de l'équipe réserve du FC [insère le bled paumé de ton choix].

Il existe une dernière sous-espèce de journaliste qui a achevé une réputation qui traînait déjà la patte. Tournant en boucle sur les chaînes de Bolloré et consorts, ils matraquent inlassablement le spectateur d'informations anxiogènes. Leur kif, faire intervenir des «experts» afin d'animer des débats aussi stériles qu'une femme ménopausée. Guerres, famines, catastrophes climatiques, crises en tout genre: le seum est leur fonds de commerce. Leur job? Vous bombarder d'infos angoissantes ponctuées de «bulles de bonheur et d'optimisme» que sont les publicités. «Le monde part en couille à cause du réchauffement climatique, mais pas de panique, les vôtres seront à la fraîche grâce aux sièges climatisés du nouveau BMW.»

Personnellement, je ne ressens plus l'aversion que j'avais pour les journaleux. Ma haine a mué en pitié, car au bout du compte, je les plains. Quand ils étaient sur les bancs de la fac, la plupart rêvaient du Pulitzer et pas de bosser pour *Voici*. Cependant, quand on voit comment sont traités les lanceurs d'alertes, être le prochain Julian Assange ne les fait plus autant rêver. Alors, entre les ragots d'étudiantes et la prison, ils ont choisi. Pleutres, mais pas cons, les mecs!

# LE CINOCHE

Quand j'étais gosse, aller au cinoche était de loin ma sortie préférée. Bien loin devant les « petits sauts » à IKEA et sa piscine à balles où mes parents me laissaient tout l'aprèm afin de faire péter leur crédit à la conso. J'adorais tout, l'écran géant, le son qui gueule et bien sûr, les pop-corn. Quel pied !

C'est terrible de vieillir, les trucs qu'on adorait étant gosses peuvent devenir une véritable corvée. Aujourd'hui, pour m'emmener au ciné, il faut se lever tôt. Payer une blinde pour un film qu'on peut mater tranquillement en streaming, franchement… OK, c'est illégal, mais leurs prix le sont aussi ! Jusqu'à 15 balles dans certaines salles ! À ce prix-là, je veux le Blu-ray en sortant.

Vous vous rendez compte que malgré le bras qu'on est obligé de laisser à la caisse pour voir une énième bouse de mec en collants sauvant le monde, on se mange en plus une bonne demi-heure de pubs avant le film. Attends, y avait marqué UGC ou Fistinière sur l'enseigne ? Je ne m'en souviens plus.

Et le pop-corn, on est d'accord que ce ne sont que des grains de maïs, à la base ? Alors, pourquoi ils vendent ça au prix d'un appartement dans le seizième ? Sans doute les conséquences de la guerre en Ukraine, je vois que ça.

Ajoute à ça la multitude de crétins que tu dois supporter. Entre le déficient qui n'a pas compris qu'il fallait éteindre son fichu Smartphone pendant le film et l'autre qui fouille dans son saut à pop-corn comme un cochon truffier... Sans oublier les couples que les salles obscures excitent. T'es là en train de passer un moment agréable devant *La liste de Schindler* et à deux mètres de toi, t'as deux bonobos en train de jouer à touche-pipi. Non, eux, c'est castration chimique directe, je ne veux même pas savoir !

Tu passes des heures assis sur un fauteuil aussi confortable que les sièges du RER B. Tu sors de la séance avec un mal de cul semblable à celui que tu aurais en jouant à « à dada sur mon bidet » avec toute une équipe de rugby.

Je suis bien content que tous ces services de streaming aient vu le jour. Car pour le prix d'une seule place de ciné, je peux mater autant de films que je veux et même en faire profiter mes potes...

Reste à trouver des potes.

ÇA FAIT UN BAIL QUE J'AI LÂCHÉ LE POP-CORN.
CRUNCH
LES CAROTTES CRUES C'EST PLUS SAIN...
CRUNCH
CRUNCH
CRUNCH
CRUNCH

JE ME SUIS FAIT TACLER DU CASTING DE « L'ÎLE DE LA TENTATION ». APPAREMMENT, JE TENTERAIS PERSONNE...

# TÉLÉ MÉDIOCRITÉ

Tu n'as pas de projet professionnel et tu te sens un peu perdu ? Tu as quitté les bancs de l'école en CM1 mais tu estimes qu'une paye de chauffeur-livreur serait une insulte envers ta personne ?

Tu possèdes un minimum de douze tatouages avec au moins un tribal dans le bas du dos.

La pudeur, tout comme le vocabulaire, t'est étrangère.

Tu confonds culture et culturisme.

Selon toi, la dignité c'est comme l'appendice, c'est quelque chose qui a dû avoir son utilité dans le temps mais qui maintenant est aussi utile que le brevet des collèges.

Pour toi, l'exhibitionnisme est un courant artistique du XVIIe siècle ?

Tu tiens plus de l'ornithorynque que de De Niro, mais tu rêves de partager l'affiche du prochain film de Kev Adams ?

Tu sais que tu es spécial et que tu mérites de l'intérêt, de la fascination même.

Tu penses être un exemple à suivre, car même si tu n'as rien fait de significatif, tu as le mérite d'exister... sur TikTok.

Tu aimerais tortiller ton tanga sur les plus belles plages du monde; plages sur lesquelles la plupart des gens qui bossent toute l'année n'ont jamais ne serait-ce que rêvé y glisser une claquette.

Alors, inscris-toi au casting de *Vis ma vie de Ch'tis de la tentation à Marseille saison 12* pour avoir l'occasion unique de participer à une vaste opération de lavage de cerveau télévisuel. Participe à l'abrutissement de milliers d'adolescents en pleine construction afin qu'ils puissent enfin réaliser que le travail et les efforts sont bien moins utiles qu'une belle plastique.

À la fin de l'émission, un aller simple pour Dubaï te sera gracieusement offert pour qu'on ne puisse plus jamais revoir ta sale gueule.

# MITCH BUCHANNON

Alors oui, leur job est d'assurer la sécurité des fous qui considèrent que barboter au milieu des sécrétions en tout genre est un loisir comme un autre. Mais quand même, ne me dites pas que je suis le seul à sentir peser sur moi le regard impérieux de ces inspecteurs de la brasse coulée qui, tels des faucons nichés sur leurs chaises, vous scrutent de leur regard perçant... Enfin, quand ils ne sont pas en train de taper une bavette sans égard pour le petit Kevin apprenant à nager et qui en est déjà à son quatrième mug cul sec.

Selon moi, il existe deux espèces de maître-nageur:

Le «maître-nageur d'intérieur» évolue dans un environnement de type chloré. Espèce plus fragile que sa cousine, elle préfère les milieux à l'abri du vent et surtout des vagues. Cette dernière est reconnaissable par son obsession maladive envers les bonnets de bain. Attention, il déteste les mouvements brusques. Courir aux abords de son territoire lui fera descendre de son promontoire.

Si vous en arrivez à de telles extrémités, ce monarque en slip de bain se réserve le droit de vous virer de la pistoche.

La peau tannée par le soleil, des abdominaux saillants et un calbute rouge vif: voici les attributs principaux du «maître-nageur d'extérieur». Véritable fantasme sur pattes pour toute femme ayant grandi dans les années 1990, le « maître-nageur d'extérieur » se nourrit principalement d'« égotine », une substance produite par la jalousie que nous autres gras du flan sécrétons à leur contact.

« Maître-nageur », sans déconner, le melon des gars, déjà. Pourquoi pas « seigneur du pédiluve » ou « duc des parasols » tant qu'on y est ! Je ne vois qu'une raison pour laquelle ce métier s'appelle ainsi : c'est pour flatter leur ego. C'est vrai que quand tu dois faire un métier où tu ne portes pas de pantalon, un petit *boost* d'ego, ça fait toujours du bien.

POUR LE PRESTIGE
DE L'UNIFORME
ON REPASSERA...

À VOTRE
BON CŒUR
M'SIEURS DAMES !
UN SUB
S.V.P

# MENDIANT 2.0

Il n'y a encore pas si longtemps, les gamins rêvaient de devenir footballeurs. Bon, intellectuellement, on était loin du Goncourt, mais il fallait quand même reconnaître l'ambition du gamin. Talent, travail et persévérance sont le minimum requis pour ne serait-ce qu'espérer effleurer le rêve d'être le prochain Mbappé.

En 2024, c'est une autre histoire. Le foot ne fait plus autant rêver. Les gosses sont loin d'être bêtes, et quand ils voient un mec qui semble avoir arrêté l'école en CP devenir célèbre en se filmant en train de jouer à des jeux vidéo, forcément, ça change leurs perspectives. Fatalement, ce qui devait arriver arriva: Twitch a taclé Mbappé façon Mark Landers.

Alors qu'est-ce que Twitch? Twitch est une énième plateforme sociale où des «créateurs de contenus» (comprenez n'importe quelle brèle possédant une webcam) peuvent diffuser en direct des vidéos. La majorité des programmes diffusés sur ce médium peut être classée en deux catégories. D'un côté, vous avez des mecs qui se filment en train de jouer au dernier jeu à la mode. Vous êtes là, comme à l'époque où votre pote ne voulait pas faire tourner sa manette, à regarder un mec s'amuser à votre place. De l'autre côté, vous avez un tas de nanas se filmant en petite tenue afin de faire chauffer la CB d'un paquet de dalleux qui n'ont pas encore compris qu'il existait du porno gratuit sur le Net.

Afin de pouvoir accéder à ce contenu culturel de haute volée, il faut payer un abonnement ou un *Sub*, comme on dit dans le milieu. Pour compléter ce tableau qui fait passer le concept de méritocratie pour un délire de mecs du Medef pétés à la Kro, les *viewers*/pigeons peuvent verser des dons à leur *twitcheur* adoré. Des dons... les mecs se sont pris pour des ONG!

Pour résumer, prenez n'importe quelle tache se croyant spéciale, avec un goût prononcé pour la thune, donnez-lui une webcam et un RIB et vous obtiendrez probablement des mecs qui toucheront le salaire d'un footballeur... C'est fou comme les joueurs de foot remontent dans mon estime, maintenant...

# LES NOTEURS

Internet est un gigantesque réseau social. Malheureusement qui dit social dit... eh ben oui, social, bien vu. Du coup, Google et d'autres sites ont jugé bon de donner l'opportunité aux glandus moyens de donner leur avis (et ce sur n'importe quoi), les investissant d'un pouvoir que leur Q.I. ne leur aurait normalement jamais permis d'avoir, celui d'attribuer une note.

Tels des instits en manque de copies à corriger, ils se mettent à noter tout et n'importe quoi. Des restaus, des musées, des films voire - et je vous jure que c'est vrai - des forêts. Les gars mettent une note à la nature... mais c'est quoi que tu notes? La forme des glands? Le plus beau que je vois c'est toi, mon gars.

Du coup on se retrouve avec une flopée de critiques gastros et autres experts de tout poil qui, pour flatter leur ego, assènent leur avis sous forme de jolies petites étoiles. Bah oui, la note sur 10 c'est trop complexe, nous on veut de l'instantané, du ludique!

Sur Google, les pros de la discipline sont appelés les «local guide». Ils ont même des «niveaux de guidage» en fonction du nombre de «contributions» (comprenez avis de merde accompagné de photos mal cadrées) qu'ils ont apportées à la communauté (comprenez la bande de moutons incapables de se laisser porter par l'inconnu). Sérieusement, heureusement qu'on ne peut pas noter la connerie parce qu'avec cinq étoiles j'aurais été léger moi.

Ah et j'oubliais, pour tous ceux qui seraient tentés de noter ce livre. Ne gaspillez pas votre temps pour ça. Allez plutôt vous perdre dans les bois. Un cinq étoiles de préférence.

À L'ÉCOLE, J'AI JAMAIS EU LA MOYENNE, ALORS COMPTEZ PAS SUR MOI POUR METTRE PLUS D'UNE ÉTOILE.

JE DÉFINIRAI MON STYLE DE «VANDALE SARCASTIQUE»
LOVE

# BANKSY ET CIE

Vous trouvez le paysage urbain déprimant? Le béton, la pollution et les crottes de chien vous plombent le quotidien? Rassurez-vous, les tagueurs sont là pour rendre le tableau encore pire.

Certaines espèces utilisent leur urine, eux préfèrent la peinture en spray pour marquer leurs territoires, à coups de pseudo tous plus débiles les uns que les autres. Ces excités de la bombonne pourrissent le paysage avec des «œuvres» que seuls les initiés peuvent apprécier. Par initié, j'entends par là mec avec le goût artistique d'une fraise des bois.

Ponts, immeubles, transfo, métro, tout y passe. Leur but? Que leur blaze soit partout alors que, soyons francs, tout le monde s'en tape. On est clairement sur un cas d'*ego trip* de type Godzilla. Les gars ont tellement besoin de montrer au monde qu'ils existent qu'ils se doivent de marquer sur toutes les surfaces, même les plus insolites, leurs surnoms à la con. Oui et puis cinq lettres max, le surnom, car après ça dépasse leurs compétences cognitives.

On peut aussi parler des Verlaines modernes qui, avec leurs plumes, déclament leur prose sur des pages de béton comme le classique «NIK LA POLISSE» ou encore le nom de leur quartier suivi de l'incontournable «EN FORSE».

Certains parlent de révolution sociale… Si les gus pour se rebeller n'avaient rien trouvé de mieux que de peinturlurer la Bastille, ils ne seraient pas allés loin en 1789.

Il faut cependant bien faire la distinction entre ceux qui gribouillent des trucs illisibles souillant un paysage déjà pas folichon, et les types capables de réaliser de véritables œuvres d'art urbaines. Mais là aussi, même si le niveau d'exécution est remarquable, c'est encore une fois une façon d'imposer son art à la masse. Ce qui va à l'encontre totale de ma philosophie de repli sur soi misanthropique.

# E-SPORTIF

C'est dingue comme les temps changent. Ça y est, rien qu'avec ces simples mots, j'ai ma place au carré V.I.P des boomers!

Prenons l'exemple du jeu vidéo. Un loisir réservé en tout premier lieu à l'élite de l'humanité: ceux qui avaient compris depuis longtemps que côtoyer ses semblables était aussi agréable que de manger du sable, et qui avaient trouvé via les jeux vidéo le moyen idéal de s'évader sans passer le seuil de leur chambre. Jusqu'au jour où un petit malin a eu l'idée de rendre le jeu vidéo compétitif. Des scores notant notre façon de jouer sont alors venus ponctuer nos *GAME OVER*.

Vous imaginez la suite, voulant toujours comparer la taille de leur joystick, les gamers ont alors commencé à se regrouper dans les salles d'arcade. Pac-Man, Donkey Kong et consorts ont fait naître les premières stars de la discipline.

Avec Twitch et YouTube, le jeu vidéo est devenu un spectacle regroupant des milliers de spectateurs à travers le monde. Les virtuoses du clavier et de la souris peuvent désormais prétendre au statut de e-athlète. Tels des Lebron James du Azerty, ils suivent un «entraînement rigoureux» ponctué de séances de kiné. Du kiné pour avoir trop joué à l'ordi, franchement... Je n'ai même plus les mots.

Conséquence: un tas de gosses hésitent entre une carrière sur TikTok ou sur Fortnite. Le monde en 2050, ça va être quelque chose... Il ne l'avait pas vu venir celle-là, George Orwell.

D'un côté, ils nous cassent la carte mère avec leurs cinq fruits et légumes par jour, et de l'autre, vous avez Macron qui joue les influenceurs en faisant la promo de la prochaine compétition de *nolife* à l'Accor Arena. «Mangez, bougez», oui, mais avec un clavier.

Certains envisagent même d'en faire une discipline olympique pour les JO de 2028 à Los Angeles. Le jeu vidéo sacré sport olympique au royaume du cholestérol, c'est trop ironique pour que ce ne soit pas fait exprès. Quels farceurs, ces membres du CIO!

LE JOUR OÙ DECATHLON A COMMENCÉ À FAIRE DES PROMOS SUR LES CARTES GRAPHIQUES, J'AI SU QUE C'ÉTAIT LE DÉBUT DE LA FIN...

QUITTE À SACRIFIER SA SÉCURITÉ AU PROFIT DE LA VITESSE, MOI J'SUIS PASSÉ AU JET PACK !
FAUT JUSTE PAS VOLER TROP HAUT AU PÉAGE.

# JOE BAR TEAM

On a tous pensé ouvrir d'un coup sec la portière de notre voiture en voyant arriver dans le rétro un motard qui remonte tranquillou bilou l'inter-file, esquivant ainsi le bouchon dans lequel nous sommes coincés depuis des heures.

Ces gars troquent sans hésiter une carrosserie contre la capacité de s'immiscer telles des cellules cancéreuses dans les moindres interstices. Stressant le mouton à quatre roues dont le regard est constamment attiré par des appels de phare des deux-roues ordonnant qu'on leur fasse place nette... ceux qui pratiquent le périph savent de quoi je parle.

Le Code de la route ne s'applique pas aux élus du bitume. Ainsi, péter les 180 sur une nationale ou se caler en biais à deux centimètres de ton pare-chocs pour être le premier au feu rouge est un acte banal pour eux. Vous devez même vous sentir reconnaissant qu'ils vous laissent admirer leurs bécanes de si près. Oui, car leur motocyclette est leur plus grande fierté. Comme quoi, il ne faut pas grand-chose dans la vie.

Comme ils sont un poil exposés au danger – eh oui, pas de carrosserie, ça fait la diff quand tu te manges un rail de sécu sur le coin du citron –, les motards sont extrêmement tatillons avec leur sécurité. Rectification, ils sont surtout extrêmement tatillons avec le fait que ce soit à vous de faire attention à leur sécurité.

Et donc, à la moindre faute d'inattention de votre part, ils n'hésitent pas à vous engueuler comme une merde avant de repartir en vous arrachant le rétro. J'ai toujours dit que les bagnoles devraient être équipées de lance-roquettes de série sous le capot pour pouvoir «traiter» ce genre de situation, mais ils n'ont jamais répondu à mes lettres chez Peugeot.

Comme dans toutes les familles, il y a les originaux, les cousins gênants qu'on aime voir une fois par an au réveillon, mais pas plus. Ici, ils se regroupent sous forme de fraternité de moustachus habillés en cuir... pas cette fraternité-là. Il y a tellement de choses à dire sur les *bikers* que je me le garde pour plus tard...

Ah oui, et si jamais l'un de ces seigneurs de l'asphalte lit ces lignes, arrêtez de lever votre foutu pied pour nous dire merci. Ça serait con de perdre l'équilibre pour remercier des gens que vous ne respectez pas.

# SONS OF ANARCHY

Un look négligé, mais une bécane au prix d'une Merco, le biker ne se considère pas comme un motard lambda. Il est le motard originel, l'authentique, celui qui roule en troupeau sous l'étendard de la liberté.

Tous ceux qui ne sont pas en Harley sont sacrilèges. Ils vomissent ceux qui roulent en japonaises. Autant rouler en Dacia. Archétype du mec qui fait tout pour étaler sa virilité, il a le package complet du mâle alpha. Enfin, le mâle alpha version Village People. La veste en cuir, les lunettes de soleil, les tatouages, sans oublier le petit bouc qui va bien. Le minimum syndical si tu veux ressembler à un figurant de *Sons of Anarchy*.

D'ailleurs, combien ont endossé leur joli gilet en cuir après avoir dévoré cette série et fantasmé sur le beau Jax? Heureusement qu'ils n'ont pas fait pareil avec *Game of Thrones*, on se serait retrouvé avec une pelletée de gogols en fourrure à dos de dragon. Je ne te raconte pas le bordel sur les aires d'autoroute!

Ils rêvent d'une vie de hors-la-loi sans entrave de la société moderne. Mais bon, ils ont un taf, une famille et la Harley à rembourser, alors ils se tournent vers l'associatif et distribuent des jouets aux enfants dans le besoin. Ouais, on est loin des bagarres dans les bars à s'éclater joyeusement des bouteilles de Bud sur le crâne. Mais faut dire que c'est quand même tout à leur honneur. Oui, je sais ce que vous vous dites:

« Tiens, ne serait-ce pas un embryon de bon sentiment que je décèle dans cet océan de sel ? » Rassurez-vous, l'embryon est aussitôt avorté à l'aiguille à tricoter, dès que j'entends le son assourdissant de leur bécane à la con.

Franchement, c'est quoi leur délire avec le bruit du moteur ? Leur engin n'est pas assez imposant ? Leur look ne dénote pas assez ? Faut encore qu'ils en remettent une couche avec le fracas de leur cylindrée ? À croire qu'ils s'évertuent à tout faire pour qu'on les remarque. Comme ces gamins qui mettent le plus de bordel possible pour être au centre de l'attention. Au fond, le biker n'est qu'un chaton mal sevré, mais un chaton qui porte du cuir. Faut pas déconner.

J'AI ENFIN RETROUVÉ LE BIKER DE MES DEUX QUI PASSE SOUS MES FENÊTRES TOUS LES MATINS... J'ESPÈRE QU'IL AIME PATRICK SÉBASTIEN.

BON, J'AI PAS ENCORE TROUVÉ LE TRUC POUR CALER LA BARQUETTE DE FRITES, MAIS FRANCHEMENT C'EST LE PIED LA MARCHE NORDIQUE !

# MARCHEUR BLANC

Comme si les cyclistes ne suffisaient pas. Chaque dimanche matin, depuis quelques années, nos routes ainsi que nos chemins champêtres sont envahis par de drôles d'énergumènes. Se déplaçant généralement en cohorte, ces promeneurs du dimanche marchent sur les sentiers en s'aidant de bâtons de ski. La première fois que j'ai croisé une telle procession, je me suis interrogé sur la possible présence dans les environs d'un établissement spécialisé d'où ils auraient pu s'échapper. Mais au bout de la cinquième rencontre, j'ai abandonné ma théorie de l'asile de fous.

Cette discipline sportive – si on peut l'appeler ainsi – a été créée par des skieurs de fond en crise de manque. La légende raconte qu'une fois l'été venu, les mecs n'avaient plus la possibilité de skier et comme planter des bâtons dans le sol était leur unique plaisir dans la vie, ils se sont dit pourquoi ne pas le faire en marchant sur la terre ferme. C'est vrai, niveau sensation, c'est kif-kif. Et l'avantage, si tu tombes, tu ne risques pas de te faire une Schumacher. Ou alors faut vraiment y mettre du sien!

Apparemment le fait de rajouter des bâtons à une action que font quotidiennement des milliards d'êtres humains en fait de facto un sport. Il y en a même qui, tenez-vous bien, s'échauffent avant une « séance ». Donc, avant de faire une action qu'un gamin d'un an est capable de faire toute la journée sans EPO dans le Blédina, ces « athlètes » passent dix minutes à s'échauffer... En même temps, vaut mieux être prudent, moi l'autre jour, je n'ai pas fait mes échauffements avant de repasser mes fringues et bim, rupture des ligaments croisés! Ma saison de repassage était foutue.

Puis, faut les voir passer, les « marcheurs ». La plupart du temps, ce sont des troupeaux de septuagénaires qui marchent à la cool en échangeant les derniers ragots de la maison de retraite. Les bâtons ne sont là que pour contrôler leurs tremblements afin d'éviter qu'ils ne trébuchent et se pètent le dentier sur la hanche artificielle de Giselle.

De plus, la marche nordique n'est pas inclusive. Allez demander à un mec en fauteuil roulant d'utiliser des bâtons pour avancer sur des chemins de terre et... Et, mais attends, il y a un concept là... Je viens d'inventer l'aviron nordique!

# WALKING PHONE

J'aime bien les zombies, ils ne parlent pas, ne te font pas de queue de poisson sur l'autoroute, et en plus, ils bouffent les gens. Que demander de plus?

Non, ici je parle des gens qui, qu'importe ce qu'ils font, ont leurs yeux rivés sur leur foutu téléphone. Je ne compte plus les fois où un de ces cons a failli me rentrer dedans tellement il était absorbé par les petits culs qu'il scrollait sur Insta. Le tout, bien sûr, en marchant au milieu du trottoir. Heureusement qu'avec mes réflexes de ninja, j'arrive toujours à esquiver ces malappris qui, quand se rendant enfin compte que d'autres humains partagent leur chaussée, grommellent des excuses à peine audibles. Dommage que pour ces zombies-là, on ne puisse pas sortir la bonne vieille batte cloutée… il paraît que c'est interdit.

Les mecs sont devenus tellement dépendants de leurs Smartphones que leur squelette a carrément évolué, donnant une courbe parfaite à leurs vertèbres afin qu'ils puissent profiter au maximum de la bulle dans laquelle ils s'enferment et qui aspire lentement mais sûrement les derniers neurones qu'il leur reste. Darwin serait fier.

Avez-vous déjà pris le temps de comparer, dans les transports en commun, le nombre de personnes discutant ou regardant le paysage défiler par la fenêtre et celui des drogués de l'écran? Le truc qui me flingue le plus, c'est qu'ils semblent sans vie. Ils sont là, immobiles, seul leur pouce bouge pour scroller encore et encore. Le visage vidé d'émotion, le regard perdu dans du contenu TikTok® oublié aussitôt consommé. Tout ça pour quoi, faire passer le temps ? Tromper l'ennui ? Quand tu vois le temps qu'ils passent dessus sur le total d'une vie entière... j'aurais presque de la peine pour eux si je ne les haïssais pas autant.

D'où le qualificatif de « zombie ». Non, franchement, on fait comme dans les films. On règle ça au fusil à pompe ou à la tronçonneuse et on en parle plus. En plus, ça fera plus de places assises dans le bus. Double bénef.

ILS SCROLLAIENT PARTOUT AUTOUR DE MOI, ILS EN VOULAIENT À MON CERVEAU... L'ASPIRER JUSQU'À LA DERNIÈRE GOUTTE !

ÉDITION LIMITÉE, SEULEMENT 2 EXEMPLAIRES DANS LE MONDE. L'AUTRE, C'EST PHARRELL WILLIAMS QUI L'A.
CHAMEL

# LA FASHION VICTIME

S'habiller, à la base, c'était avant tout pour pas crever d'un stupide coup de froid ou pour éviter de se faire lécher les baloches par des orties pendant que nos ancêtres coursaient le mammouth dans la pampa.

Délaissant son but purement pratique, le vêtement est devenu peu à peu un autre moyen par lequel on peut afficher son rang social. Eh oui, n'est pas Gucci qui veut. Quand on veut être chic, il faut avoir du fric. Du coup, un tas de feinteurs voulant paraître plus blindés qu'ils ne le sont vraiment portent des polos avec la queue du croco dans le mauvais sens.

Tu as aussi ceux qui font la queue à 5 heures du mat' devant un Nike Store pour espérer avoir la chance de claquer leur RSA dans une paire de groles confectionnées en Chine par un petit Ouïgour. Le diable s'habille en Prada et ce sont des Air Max qu'il a aux pieds.

Le pire avec la mode, c'est qu'elle souligne à quel point nous sommes des suiveurs. Avec les réseaux, c'est encore pire. Les modes se font et se défont aussi vite que PPDA enchaîne les sales affaires. On en parle, du piercing dans le nez façon vache qui rit? Toutes les gamines ont ça désormais. Personne leur a expliqué que le stérilet, c'est pas à cet endroit que ça se fout?

Le but: essayer encore et toujours de sortir du lot, de se démarquer du ringard qui s'habille chez Celio.

Après, tu as ceux qui tentent à tout prix de faire dans l'original, mais qui sont nés sans le chromosome du *swag*. On pense à toi, Jared Leto, courage!

Au panthéon de la gênance, tu as aussi Lady Gaga et sa collaboration Charal qui domine le *game*. Quoique, les chaussettes-claquettes, c'est pas mal dans le genre aussi!

# AGENT IMMO

Bon, je sais ce que vous allez me dire, taper sur les agents immobiliers, c'est facile, limite petit joueur. Les mecs sont tellement haïs que me les farcir sur une page entière reviendrait à battre un gamin aux échecs. Et quand je dis gamin, je ne parle pas de ces prodiges chinois. Non, je parle d'un petit teubé gavé aux dessins animés bien de chez nous !

Selon une étude Ipsos, agent immobilier est la deuxième profession la plus détestée par les Français. Les gars sont devant les huissiers, les avocats spécialisés dans le divorce ou pire, les maîtres-nageurs…

Mais revenons à nos commissions. Pour comprendre un agent immobilier, il faut tout d'abord se poser la grande question. Pourquoi choisir d'embrasser cette carrière ? Est-ce par amour pour les belles bâtisses et les intérieurs bien agencés ? Ou est-ce par l'appât de la moula ? Pas la peine de répondre.

Quand il s'agit de vendre, ces fripouilles (comprenez hyènes capables de vendre leurs mères s'il y a moyen de se faire une belle com dessus) sont des ceintures noires de positivisme.

Le train qui passe littéralement sous vos fenêtres devient « proximité avec les transports ». Des filles louches qui font les cent pas dans votre rue deviennent « nombreux modes de garde présents dans le quartier». L'honnêteté et le professionnalisme ne pèsent pas bien lourd quand il faut rembourser le crédit du Cayenne.

Leur taf consiste à prendre quelques photos (en fish-eye, la base), faire visiter la victime – euh le client, et remplir deux/trois papelards. Une fois ce travail harassant terminé, ils te facturent sans bégayer une dizaine de Smic en «frais d'agence». Si ça, ce n'est pas une douille qui mériterait de rentrer dans le Livre Guinness des records, je ne m'y connais pas.

Mais que serait un agent immobilier sans sa phrase fétiche? La botte secrète capable de vous briser psychologiquement afin de faire *twerker* votre chéquier. Et ce, qu'importent les fissures, les fuites et autres cadavres emmurés dans la future chambre du petit: cette phrase, vous la connaissez tous. Je veux bien entendu parler du célèbre: «Il me faudrait une réponse rapide, car j'ai deux autres profils qui sont intéressés...» Utilisable aussi pour les demandes en mariage.

Note pratique: Pour faire bugger un agent immobilier, c'est très simple, il vous suffit de prononcer ces simples mots: «profession libérale» ou «autoentrepreneur». Effet garanti!

VOUS ALLEZ ÊTRE BIEN ICI! UN JOLI STUDIO AVEC UNE BELLE HAUTEUR SOUS PLAFOND. VOUS ALLEZ VOIR, LE VOISINAGE EST TRÉS CALME.

C'EST CON,
JE M'ÉTAIS RASÉ
AUJOURD'HUI...

# VAPLOVEUR

Il y aurait en France trois millions de vapoteurs. Trois millions de gus emportant partout avec eux leur petite chicha portative, faisant profiter à tous ceux qu'ils croisent les doux effluves de pop-corn et autres parfums sucrés censés séduire les anciens fumeurs, mais aussi les gosses, il ne faut pas se leurrer.

Avant, quand on fumait, caché derrière la cantine, la Gitane taxée dans le paquet du daron, c'était toute une aventure. On avait les yeux qui piquaient, la gorge qui brûlait. C'était une sorte de passage puéril à l'âge adulte. Désormais, après ton forfait, ton haleine sent la fraise tagada. Pas très badass tout ça.

Le liquide que les vaploveurs tètent toute la journée est appelé «*juice*». Sont forts quand même, les marketeus. Ils sont même capables de te rendre sexy du liquide de frein mélangé avec du PAIC citron.

Et puis, faut voir ce que les mecs s'infligent pour ne pas retomber dans la cibiche. Recharger les batteries chaque soir, penser à ne jamais être à court de «*juice*», changer les résistances, faire gaffe à ne pas péter le réservoir, bref. Ils ne voulaient plus être esclaves de la clope, mais finalement c'est bien leur vape qui les a mis à genoux et leur a gentiment enfilé un joli collier clouté en cuir.

Au fur et à mesure, les vapoteuses ont évolué, devenant de plus en plus massives. Sans rire, certaines sont tellement balèzes qu'elles pourraient être cataloguées comme arme blanche. Imaginez. Vous vous faites interpeller par un individu qui semble plus intéressé par le contenu de votre sac à main que par le bleu azur de vos yeux. Avant qu'il ne tente quoi que ce soit, tirez une grosse bouffée sur votre vape puis crachez-lui l'équivalent d'un cumulonimbus au visage. Une fois votre assaillant aveuglé, profitez-en pour lui écraser sur le coin de la face la partie batterie de votre vapoteuse.

Avant de partir, n'oubliez pas de mettre votre agresseur en position latérale de sécurité.

# MAD MAX FURY

S'il y a bien un moment où l'humain laisse parler son «moi profond», c'est lorsqu'il est au volant. Et laissez-moi vous dire que le moi profond aime jouer du klaxon tout en agitant son doigt en l'air. La route a le pouvoir de laisser sortir la bête qui sommeille en nous.

Tu veux vraiment connaître quelqu'un? Fais un Béthune-Poitiers en plein coup de feu estival. Tu vas vite comprendre qui tu as en face de toi... enfin à côté de toi. Non, sinon ce n'est pas pratique pour la conduite.

Comme le métro, la route est une fresque sociale où l'on peut croiser tout type de connard. Sur le podium, vous pouvez retrouver, sans grande surprise, ceux qui te collent au cul avec appel de phares en bonus pour que tu dégages fissa de LEUR voie. Tu comprends, faut bien rouler comme un assassin si tu veux arriver avant l'apéro au camping des trois flots.

Ceux qui écoutent leur musique à fond les ballons, fenêtre grande ouverte, car ils sont persuadés que les bouses qu'ils écoutent sur Skyrock valent la peine d'être partagées avec le plus grand nombre. Scoop! Absolument pas!

Tu as aussi ceux qui se rabattent juste devant toi à 130 kilomètres heure sur l'autoroute. Dans le jargon, on appelle ça une queue de sale race... Euh de poisson, pardon. Je sais que j'ai déjà abordé mon idée du lance-roquettes de série sous le pare-chocs, mais avouez que ça peut avoir son utilité.

Mais les champions toutes catégories, les All-Star de la bâtardise, sont ces ordures qui remontent toute la file pour prendre la sortie au dernier moment. Ceux-là, je leur souhaite les pires trucs au monde. Façon malédiction des templiers, pour ceux qui ont la réf. Pour les autres, démerdez-vous, il n'y a pas marqué Wikipédia sur mon peignoir.

Ah, j'oubliais ceux qui pensent que les warnings leur permettent de stationner n'importe où. Non, vraiment, faut que je réécrive une lettre à Peugeot, moi.

LES EMBOUTEILLAGES C'EST JUSTE UNE AFFAIRE DE PERSPECTIVE !

CERTAINS ONT DES COINS À CHAMPIGNONS. MOI, J'AI PAS LA MÊME RECETTE D'OMELETTE.

# ENFER PERSONNEL

Prenez un homme, fort charmant au demeurant, mais qui, malgré tellement de qualités qu'on ne saurait toutes les citer, possède une petite aversion pour ses congénères.

Maintenant, placez ce brave de bon matin à plusieurs dizaines de mètres sous terre en mode collés-serrés station Châtelet; au milieu d'une foule baignant dans un subtil mélange de sueur, d'urine et d'Axe pour homme. Ensuite, mettez le tout dans une boîte en métal où les normes d'hygiène feraient passer le pire kebab pour un cabinet dentaire.

Bienvenue dans mon enfer personnel, le métro parisien. Véritable tour de Babel, tu peux croiser de tout dans ce dédale souterrain. Des mecs qui font la manche alors qu'ils ne sont même pas équipés du sans-contact au cadre sup qui ronge son frein pendant que son allemande est au garage. Ah, j'oubliais les rats tellement balèzes que tu les soupçonnes d'avoir leur abo chez Basic-Fit.

Tu as aussi les pickpockets, les prêcheurs, les musiciens, les mecs qui se la jouent Gandalf en t'empêchant de passer pour sortir, les étudiants en art qui font chier avec leurs énormes cartons à dessin. Ceux-là, j'espère qu'ils penseront au sans contact quand ils devront rentrer dans la vie active.

Après je me plains, mais je sais très bien que je pratique le métro en mode «facile». Les nanas, par contre, là, c'est du sérieux. Car en plus de tout ce que je viens de citer plus haut, elles doivent aussi se coltiner le boss de fin de ce purgatoire où seuls les pigeons les plus téméraires osent s'aventurer: laissez-moi vous parler d'une autre fierté de la race humaine, le frotteur. À force de se la prendre derrière l'oreille, il préfère dorénavant la coller dans le dos. Ainsi, profitant de l'anonymat de la foule, il laisse libre cours à ses bas instincts de caniche épileptique en se frottant à la jeune femme de son goût. Ça donne envie, hein?

Alors, messieurs les provinciaux, avant de cracher sur les Parigots, mettez-vous deux secondes à leur place. Et vous verrez que ce n'est pas toujours la joie de vivre dans la plus belle ville du monde.

# AH TU SAVAIS PAS ?

Qu'est-ce qui peut motiver quelqu'un à dévoiler que Tyler Durden n'existe en réalité que dans la tête d'Edward Norton ? Pourquoi gâcher le plaisir d'autrui en dévoilant des retournements de situation incroyables qui peuvent te marquer à vie ? Personnellement, je n'arrive toujours pas à croire que Bruce était mort depuis le début.

Avec les réseaux sociaux, tout le monde veut être le premier à réagir, à montrer qu'il est à la pointe des tendances. Dans leur course au Tweet qui claque, ils sont prêts à tout. Comme veiller jusqu'à 3 heures du mat' pour découvrir en avant-première que Daenerys est la tante de Jon Snow. Afin d'être les premiers à dévoiler qu'en fait, *Game of Thrones*, ça se passe à Lens.

Le spoiler peut aussi être un pote qui, au détour d'une conversation, te lâche sans *trailer* que Keyser Söze, c'était Kevin Spacey depuis le début. Là, t'as qu'une envie, c'est de lui écrabouiller la gueule comme Negan s'était employé à le faire avec Glenn et Abraham.

Mon hypothèse, c'est que le spoiler déteste lui aussi ses semblables et c'est le seul moyen pacifique qu'il ait trouvé pour pourrir ses... et, mais attends...

- C'est une tête qu'il y a dans le paquet et pas la PS5, ils se sont encore plantés, Colissimo ;

- Le professeur Rogue se l'est joué infiltré;
- Le père d'Eric Cartman est en fait sa mère… Cherchez pas;
- Walter meurt à la fin. En même temps, il l'avait un peu cherché le con…
- Le tueur Sawmeillait au milieu de la pièce depuis le début;
- Vador, c'est son père, donc Leia, c'est sa sœur. Oui, *Star Wars* se passe aussi à Lens.

Pour vous consoler, sachez que pour écrire ce texte, je me suis moi-même spoilé quelques trucs… Je me sens bien con maintenant…

Y EN A QUI SPOILENT SUR INTERNET... MOI JE PRÉFÈRE LE CONTACT DIRECT.

MOI J'AI OPTÉ
POUR LE PRÉLÈVEMENT
À LA SOURCE.

# LA DÎME

«Moi j'paye des impôts!» On est d'accord pour dire que c'est une phrase de beauf, non? Dans le top trois avant «il n'y a pas à tortiller du cul pour chier droit» et «baisse ta culotte, c'est moi qui pilote».

Quand Dédé éructe en grattant son cinquième Black Jack que «lui paye des impôts!» et que «c'est pas normal qu'on aide autant les assistés, z'ont qu'à trouver un travail», tu as l'impression que pour lui, payer des impôts le classe dans une tranche de la population plus respectable. Des citoyens Premium à qui on devrait accorder plus de considération. En même temps, il n'a pas forcément tort le Dédé, mais pour bénéficier d'un tel traitement, c'est L'ISF[1] qu'il faut raquer, mon lapin.

Sache, Dédé, que la plupart de ceux que tu considères comme «assistés» aimeraient payer des impôts. Car ils gagneraient alors assez de thunes pour ne plus «profiter du système», comme tu aimes le rappeler.

Après, il y a pire que toi. Il y a ces célébrités qui gagnent un paquet de bif, et qui déclarent publiquement être «heureux» de payer des impôts. Belle brochette d'hypocrites, ceux-là aussi. Quand après le passage de Draculito, il te reste toujours plusieurs

1. L'ISF a été supprimé par notre cher ex-banquier à peine un an après son arrivée au pouvoir. Il y a des priorités dans la vie.

zéros sur ton compte, c'est différent. Disons que t'es pas heureux, t'es juste moins deg qu'un mec qui touche le 1500 net.

Pourtant, je suis persuadé que si tu leur laissais le choix, à tous ces faux-culs, ils paieraient walou. En réalité, ils sont tellement soûlés intérieurement de cracher des thunes, qu'ils se sentent obligés d'en parler. S'ils étaient vraiment sincères dans leur démarche, ils ne s'épancheraient pas sur le sujet. En vérité, leur civisme est uniquement motivé par la peur d'avoir les huissiers au cul.

Ils n'ont pas le choix... comme nous tous, en fait. Oui, parce que grand scoop: tout le monde paie des impôts. Ça vous dit quelque chose, la TVA? Alors, je sais, c'est pas un impôt, c'est une taxe, mais ça finit dans la même poche, non?

Alors, ferme-la un peu et continue de gratter tes «Black Jack», qui sait, avec un peu de chance, tu finiras par le payer toi aussi, l'ISF.

# ZAVEZ VOTE TICKET ?

Doux métier que celui de contrôleur RATP. Arpenter toute la journée les couloirs sentant la pisse pour traquer le resquilleur caché dans la foule. Comme si l'atmosphère pesante du métro ne suffisait pas. On y trouve, tapis dans l'ombre, des fourbes sapés en kaki qui attendent en embuscade l'impudent qui n'a pas payé son ticket.

Lorsqu'ils ont enfin ferré une proie, une joie teintée de sadisme illumine leur œil d'habitude moribond. Ils dégainent leurs machines à prunes et se ferment comme une huître à toute forme de dialogue. Donnez à n'importe qui, un tant soit peu de pouvoir, et il en abusera forcément à un moment ou à un autre. Bon, OK, niveau pouvoir, on est loin des Avengers, mais ils peuvent quand même bien te pourrir la journée.

Un contrôleur expérimenté ne commettra jamais l'erreur de tenter de verbaliser un sans-abri. On ne fait chier que ceux qui peuvent payer, c'est la base du métier. Ramener de l'argent à la maison mère, voilà l'objectif numéro un de leur boulot. Tiens, j'en connais d'autres qui battent le pavé à la recherche de thunes, mais elles n'ont pas un aussi bel uniforme.

Leur cible préférée? Les provinciaux qui ne pigent rien au système pourtant si simple de la tarification du métro parisien... Eux, ils leur mettent la complète salade-tomate-oignon supplément harissa. Tu m'étonnes qu'ils détestent Paris !

Petite technique : si tu veux avoir une chance de passer entre les mailles du filet, si par malheur tu te fais choper, joue les neuneus. Là, deux options s'ouvrent à toi : soit tu donnes un coup de *boost* à leur ego et ils te laissent passer par pitié, car ce n'est pas tous les jours qu'ils tombent sur moins gâtés qu'eux ; soit tu crées un effet miroir et les types te laissent passer par solidarité.

Après, faut pas trop leur jeter la pierre. Les pauvres voulaient être flics, mais ils préfèrent jouer à l'épervier dans le métro plutôt qu'au chat et à la souris dans les quartiers chauds.

APRÈS 30 MINUTES JE LUI SORS MON PASS NAVIGO.

WOUAH LA CLASSE LES MECS, REGARDEZ, C'EST LE FANTÔME DE VIRGIL ABLOH!

# WHO YOU GONNA CALL ?

À l'image d'une strip-teaseuse en fin de carrière, le monde a dévoilé la plupart de ses mystères au rythme lascif des découvertes scientifiques. Malgré tout, certains originaux s'acharnent à s'accrocher à des croyances qui feraient convulser tout chercheur au CNRS qui se respecte.

Faudrait m'expliquer comment un adulte en pleine possession de ses moyens peut encore croire aux fantômes. Les gosses, je veux bien, leur naïveté leur permet de penser que la magie est partout autour d'eux. La preuve, ils croient au Père Noël. Un gros barbu que tu ne connais pas qui s'incruste chez toi pendant que tu dors pour offrir « aux enfants sages » des jouets. Quand t'es môme, tu kiffes le concept, mais chaque adulte entrevoit l'ombre du pédophile caché derrière le traîneau. Tout ça pour dire que l'adulte a assimilé depuis longtemps que la vie est terrifiante de banalité et que ça fait bien un bail qu'il n'a pas dit « Beetlejuice » trois fois devant son miroir.

Le comble, c'est qu'il existe même des émissions de télé où tu suis des « chasseurs de fantômes » qui, n'écoutant que leur courage, s'aventurent dans des lieux abandonnés afin de mettre la main sur Casper et ses potes. Bien sûr, on ne voit jamais de draps blancs flotter au-dessus du sol. Seulement des boulets armés de caméras à vision nocturne qui sursautent au moindre bruit. Bruit provoqué volontairement par leurs complices situés hors champ afin de créer de la tension. Doit chier dans son froc, John Carpenter.

Il y a aussi ceux qui croient fermement aux esprits. Imaginez, vous êtes à la fraîche, à vivre votre meilleure non-vie d'esprit. Vous avez calanché depuis un bail et laissé derrière vous les problèmes des mortels. Pauvreté, famine, guerre et téléréalité ne sont plus votre souci et c'est très bien comme ça. Mais alors que vous profitiez d'un petit cocktail éthéré en compagnie de Balavoine et Kurt Cobain, vous voilà aspiré par une force inconnue vous faisant quitter malgré vous l'ambiance de folie des *happy hours* du Nirvana. Et là, vous vous retrouverez hagard au beau milieu d'un groupe de gamines qui, pour pimenter leur soirée pyjama, ont sorti la planche de ouija.

Franchement, si c'est ça la vie après la mort, très peu pour moi. Je préfère me dire qu'une fois le rideau tombé, il n'y a jamais de rappel, seulement un buffet gratuit offert aux vers de terre.

# LES LAMAS

Cracher dans la rue. Encore un truc bien dégueulasse qui me convainc un peu plus que certains ont deux/trois animaux dans leur arbre généalogique.

Franchement, citez-moi un truc plus crade que ça. Les mecs reniflent, raclent tout au fond de leur gorge, limite ils font des bulles comme si c'était du dentifrice. Puis ils façonnent le tout au creux de leur langue pour former un bon gros glaviot qu'ils crachent bruyamment sur le bitume. C'est vrai que nos rues sont trop propres, ça manquait de morve et d'ADN de gros crasseux.

Pendant la Covid, les mecs étaient bien emmerdés. Je suis sûr que sans faire attention, certains ont craché une bonne grosse huître dans leur masque. Ah, le pied rien que de l'imaginer... Tu avais aussi des tarés qui, pendant cette période, se servaient de leur salive comme une arme et n'hésitaient pas à cracher sur leur victime en espérant leur refiler la Covid. Des champions, je vous dis!

Certaines municipalités sanctionnent les cracheurs en leur infligeant des amendes. Je pense que c'est une mauvaise méthode pour les inciter à ne plus recommencer. Non, la sanction la plus efficace serait de leur faire lécher l'objet de l'infraction, histoire que ça retourne à l'envoyeur.

Petite anecdote: un jour à la gare, le train s'arrête devant moi, les portes s'ouvrent et laissent sortir une femme magnifique. En passant devant moi, sans un regard et dans le plus grand des flex, elle lâche un énorme molard à mes pieds. Quinze ans après, j'en suis encore tout retourné.

Il existe même des concours de crachat, de noyau certes, et heureusement d'ailleurs, mais quand même, c'est quoi ce délire de projeter des trucs avec son orifice buccal? Tu as aussi ceux qui crachent dans la piscine, mais eux, t'abandonnes la discussion et tu les tabasses à grands coups de frite en mousse.

J'AI UN MOLARD CHARGÉ ET DEUX BARRES AU TESTEUR ! ALORS FAITES PAS LES FOUS ET BALANCEZ LE CASH !!!

MOI LA SEULE CHOSE QUE JE SAIS MAQUILLER... C'EST LES SCÈNES DE CRIME.

# DULUX VALENTINE

Pour moi, l'absurdité, la bêtise ou la méchanceté ne s'arrêtent pas à des frontières futiles telles que l'ethnie, l'âge ou encore le genre. Mais là, force est de constater que le sujet que je m'apprête à aborder touche principalement la gent féminine.

Alors, avant de rentrer dans les joyeusetés et de me faire ficher S par les inquisiteurs de la *cancel culture*, n'oubliez pas, mesdames, que je ne suis pas misogyne, mais misanthrope, nuance!

Bon, va falloir qu'on parle de maquillage. Ne vous inquiétez pas, ça va bien se passer. J'espère ne faire couler aucun Rimmel en m'attaquant à ce sujet sensible pour certaines, mais il faut qu'on cause.

C'est vrai que le maquillage, c'est magique. Quelques touches suffisent pour vous faire remonter le temps et vous rendre pendant un bref instant le visage de vos 20 ans. Et ça coûte moins cher qu'une DeLorean en plus. Mais attention, ça reste quand même un sacré budget! Presque cinquante balles pour un fond de teint… Sephora a tout compris: la poudre qui marche, elle se met sur le visage, pas dans le nez.

Le maquillage, quand il est bien utilisé, peut sublimer votre beauté naturelle, mais trop souvent, vous vous laissez submerger par le syndrome «du peintre en bâtiment». Là, vous dégainez votre vanity version sac de Mary Poppins et les choses s'emballent.

Si tu commences à rentrer dans le vice de la transformation physique, mais que tu n'as pas les moyens de passer sur le billard, il y a quand même de quoi faire niveau matos. Entre le maquillage, les extensions de cheveux, les faux cils, les Wonderbras, les culottes rembourrées (oui, ça existe les gars), je ne vous raconte pas la surprise au réveil. Toi t'es content, tu penses avoir réussi à séduire un avion de chasse et tu te réveilles aux côtés d'une trottinette électrique... celle en libre-service.

Puis, vous vous rendez compte du temps que vous perdez enfermées dans la salle de bains face à votre reflet? Je n'ose même pas imaginer ce que ça représente en parties de FIFA sur toute une vie...

# VAMOS A LA PLAYA

Encore un endroit où j'adore ne pas aller. Un soleil qui te tabasse, du sable qui te consume les arpions et des gens, des tonnes de gens en maillot de bain qui plus est. Ce n'est pas le métro parisien, je vous l'accorde, mais on s'en approche.

L'adepte de la plage n'arrive jamais à la plage à la cool, sa serviette reposant sur ses épaules, les mains calées dans le Speedo. Non, il a besoin de tout son confort. Du coup, il ramène avec lui la moitié de sa caravane. Parasol, glacière, bodysurf mais surtout la bouée, surdimensionnée de préférence. J'adore regarder un de ces mecs traîner laborieusement tout son barda sur un sable brûlant et le voir brusquement tout lâcher pour courir après une part de pizza géante emportée par le vent. Quel pied!

Tu as aussi les parents sans état d'âme, qui parquent leurs gamins dans les fameux «clubs de plage», un espace sécurisé parfait pour que le pédophile en RTT puisse faire du lèche-vitrines. Elles sont belles, les vacances en famille.

Il y a aussi de ces monuments miniatures classés au patrimoine mondial de l'Unesco que sont les châteaux de sable. À ne surtout pas écraser. C'est marrant, certes, mais il paraît que ça fait pleurer les gosses.

La plage est un endroit dangereux. Dangereux comme un débile qui t'a envoyé son Frisbee dans les dents. Bah oui, jouer au Frisbee au milieu d'une plage bondée, qu'est-ce qui pourrait mal se passer? Il n'y a pas que le dos qui a pris un coup de soleil, le cerveau aussi à l'air d'avoir morflé.

La seule raison qui rend ce cendrier géant qui fouette la crème solaire supportable à mes yeux, c'est la présence de vendeur de churros. Oui, j'adore les churros plus que de raison. Tiens, d'ailleurs, si je vous dis: «CHICHI, BEIGNETS, CHOUCHOUS!», ça vous parle, hein? Traduction: «Finie la bronzette, les touristes, va falloir casquer si vous ne voulez pas que vos gamins vous chient une pendule!» Et toi t'es là, avec ton pauvre paquet de BN, en train d'essayer d'expliquer vainement à ton gosse que tu avais déjà prévu le goûter. Lui, naturellement, t'enverra chier, car un BN ne fera jamais le poids face à un beignet au Nutella. Et il aura bien raison!

À LA PLAGE LE FRISBEE, C'EST MARRANT MAIS RIEN NE VAUT UN BON VIEUX BOOMERANG.
AAH, MON OEIL!
MAMAN!

LÀ DEDANS T'AS 200 000 MILLIONS DE MUSIQUES, SOIT 120 MILLIONS DE VINYLES. SI ON PREND EN COMPTE CE QUE ÇA REPRÉSENTE EN PLASTIQUE, ENCRE ET CARTON, ÇA POLLUE À MORT D'ÊTRE UN « PURISTE ».
ET NON, JE NE SUIS PAS DE MAUVAISE FOI.

# LES FÉTICHISTES DU VINYLE

Force est de constater que le vinyle est revenu en force ces dernières années. Éjectant une bonne fois pour toutes le support CD qui avait déjà pris un bon coup dans le foie avec l'arrivée de Deezer et ses potes.

Malgré le fait que l'on vive à une époque où, grâce à nos téléphones, un simple mouvement du pouce nous permet d'écouter tout ce qui nous chante, de créer nos propres playlists et de les emporter partout avec nous, certains préfèrent revenir vers ces choses archaïques et aussi pratiques qu'un dentier en polystyrène que sont les disques vinyle.

La plupart de ces «puristes» n'ont cependant jamais connu l'ère du vinyle et pourtant, ils sont là à jouer les nostalgiques devant leur collection pourrie achetée une blinde chez Cultura en te vantant la pureté, le grain du «son vinyle». Ben voyons, la plupart du temps, ce sont des rééééééditions à la qualité de son médiocre quand ce n'est pas la galette qui est carrément pressée avec le cul et qui fait sauter la piste toutes les deux secondes. Le tout pour quarante balles, ça pique la nostalgie! Je ne savais pas qu'on pouvait *fister* quelqu'un avec un disque. On en apprend tous les jours.

Même au niveau du confort d'écoute, c'est foireux. Tu dois te lever toutes les vingt minutes comme un vieux avec une prostate en kit pour retourner ton disque.

Je n'en peux plus de cette mode du «retour aux sources». Ces petits snobs te parlent d'authenticité, de la noblesse de l'ancien. Alors qu'ils ne lâcheraient jamais leur iPhone 15 pour un bon vieux 3310. Bah oui, pour abattre une cloison chez soi, c'est pratique, par contre, pour poster leur superbe collection sur Insta, ça l'est moins.

Ils se la jouent zicos, mais c'est la pochette en réalité qu'ils achètent, la musique est juste là en bonus. Ça fait cher pour un emballage. L'objet, le contenant, est une fois de plus préféré au contenu. On reste encore en surface, d'ailleurs, je suis sûr que la plupart ne savent pas ce que veut dire trente-trois-tours.

# PETITE BIÈRE ?

Grand sujet qu'est l'alcool, fléau pour les uns, bénédiction pour les autres. Perso, je suis dans la deuxième équipe. Quand tu vois ma dégaine, tu sais que je ne tourne pas au Perrier rondelle en soirée. Pour moi, le «*Dry January*» est un complot monté par le lobby de l'eau en bouteille. Cependant, même si je suis un amateur de breuvages fermentés, je sais pertinemment qu'il ne faut pas en abuser sous peine de se transformer en l'une des pires choses qui puisse exister, j'ai nommé le «mec bourré».

Je préfère passer mes vacances d'été en location dans le trou du cul de l'Aveyron avec des taxidermistes fans de Lara Fabian plutôt que cinq minutes aux côtés d'un mec rond comme une queue de pelle. Il est quand même intéressant de noter que tout le monde ne réagit pas à l'alcool de la même façon.

Vous avez les «Mac Gregor», ceux qui ont l'alcool mauvais et qui se battent pour un rien, interprétant le moindre regard de travers comme une insulte fleurie mettant en scène leur maman et un poulpe aux tentacules baladeurs.

Les «Billy Elliot», qui sont persuadés que leur douzième vodka-pomme les aura transformés en dieux du *dancefloor*. Dites adieu au *Lac des cygnes* et bonjour à la flaque de l'albatros.

Les « paresseux », pas besoin d'expliquer. Quand t'es pété, tu acquiers la faculté de dormir partout et surtout dans n'importe quelle position. Pas besoin de faire des heures de yoga, quelques gin-tonics bien tassés feront l'affaire.

Les « Obélix », ceux qui sont tombés dedans quand ils étaient petits. Avec eux, qu'importe le breuvage, qu'importe la quantité ingurgitée, leur comportement ne s'en verra pas altéré d'un iota. À se demander pourquoi ils ne tournent pas au Fanta citron, ça reviendrait au même.

Et puis y a les « Lorie », ceux qui ont besoin d'amour, des bisous, des câlins, ils en veulent tous les jours.

C'est comme ça...

De loin les pires de tous...

JAMAIS PLUS DE DEUX VERRES. APRÈS... J'AI L'ALCOOL JOYEUX.
CLING

TU RISQUES
PLUS RIEN MAINTENANT
NOURSON!
BNP

# JE RÊVE D'UNE BANQUE

Ah, les banquiers, encore une cible facile. En même temps, ils ne font rien pour que l'on ait une petite photo d'eux dans notre portefeuille juste à côté de celle de notre femme quand elle avait encore 25 ans.

D'une simple signature, ils peuvent vous donner de l'élan dans le commencement d'une nouvelle étape de votre vie ou vous faire trébucher et avorter vos projets dans l'œuf. Un peu comme ce gamin qui vous retirait le ballon au dernier moment alors que vous vous apprêtiez à lâcher votre plus beau tir de l'aigle...

Avant de rentrer dans le bureau de ton banquier, tu espères que c'était la fiesta sous la couette ce matin, que son café était parfaitement dosé et qu'il s'est gavé de chouquettes fraîches et j'insiste sur ce point, messieurs les boulangers. Des chouquettes fraîches! Pas des toutes rassies de la veille que vous nous refourguez au même prix! Escrocs! Bref, je m'égare une fois de plus. Donc oui, espérons que le chien de garde du grand capital ait passé une bonne matinée avant de voir entrer dans son bureau ta sale petite gueule de mendiant.

Enfin ça, c'est si tu arrives à en capter un facilement. Généralement, il te faut prendre une journée de congé. Tout ça pour t'entendre dire que, non, tu ne pourras pas t'acheter un Jet-Ski. Si Jay-Z en a un, je ne vois pas pourquoi pas moi!

On pourrait débattre de l'origine de la confiance toute relative que les banquiers ont en leurs semblables quand il s'agit de prêter. Sans doute doit-on chercher l'origine de cette méfiance dans un traumatisme de l'enfance. Je parie sur le Playmobil emprunté par son grand frère et qui a, malencontreusement, fini dans l'intimité de Fifou le chat de la maison.

L'aversion pour ce métier vient aussi du fait que l'on assimile le petit banquier de quartier à la banque avec un grand B. Celle qui tient l'humanité tout entière par les litchis en pressant de temps en temps à coups de fluctuations boursières. En ce moment, elle presse carrément trop fort, mais que voulez-vous, on n'avait pas décidé de mot de sécurité alors elle s'en donne à cœur joie.

# LES LOUPS D'LA STREET

Là, on arrive au dernier niveau de mec que je ne peux pas blairer. Bienvenue au carré FDP des sales types. À côté d'eux, un Hell's Angels, c'est un CE2 en trottinette. On a parlé juste avant des banquiers et bon, vous avez sûrement dû remarquer que je ne les aime pas trop. Mais le banquier cache une faille, une blessure qui au fond de lui ne se refermera jamais. Car, en réalité, le banquier est un cocon qui n'a pas donné de papillon. Une sorte d'embryon raté d'une espèce de salopard beaucoup plus machiavélique et impitoyable, le tradeur.

Le profil type: sorti tout droit de ces usines à philanthropes que sont les écoles de commerce, le futur tradeur s'en va à l'attaque du monde, fort de ses cinq années à s'entendre dire qu'il était l'élite de la nation et des innombrables bitures organisées par son BDE.

Après avoir intégré une place dans une salle de marché grâce aux connexions de papounet, le voilà à l'assaut de la Bourse. À vingt-cinq piges, il joue déjà avec des sommes qui feraient bander l'oncle Picsou.

Car oui, ils jouent. Le but de la Bourse étant de spéculer sur la valeur des marchandises afin de leur fixer un prix. Par exemple, ce sont eux qui décident du prix du blé alors que le seul tracteur qu'ils aient vu dans leurs vies est celui sur lequel était posée lascivement une bombasse dans un magazine encore planqué sous le lit de leur chambre d'ado.

L'éthique, ce n'est pas coté à Wall Street, alors le tradeur s'en branle, du moment qu'à la fin de la journée les actionnaires sont satisfaits. Il remuera la queue, qu'importent les dommages qu'il aura occasionnés pour faire ses profits.

Désormais, à cause de tous ces sites qui proposent à tous de pouvoir boursicoter, tout le monde veut se prendre pour le loup de Wall Street. Ce n'est pas dans le bitcoin qu'il faut investir mon gars, mais dans les couches pour adultes. Parce qu'un jour, à force de vouloir faire ton trou au pays des enculés, tu te la prendras tellement profond que tu ne pourras plus jamais chier droit.

Voilà pour conclure, une OPA hostile sur le bon goût dans les règles de l'art.

C'EST MON PARAPLUIE SPÉCIAL CRISE FINANCIÈRE... HISTOIRE DE FINIR LE BOULOT !

AUCUN SENS
DE L'HUMOUR
CES PÉCORES !

# LES PAINS DE CAMPAGNE

À ne pas confondre avec le provincial. Là on parle du pécore, du vrai. Celui qui vit dans des bleds où il y a plus de vaches que d'êtres humains. Celui pour qui la fibre optique est une histoire qu'on raconte au coin du feu assis sur une botte de paille, le regard rêveur perdu dans les flammes... Après, n'allez surtout pas leur parler de 5G, vous finiriez au bûcher pour sorcellerie. C'est qu'ils ont encore des inquisiteurs là-bas!

Le premier truc qui sort de la bouche édentée d'un autochtone pour décrire son habitat – quand on arrive à le comprendre malgré son accent imbitable – est cette fameuse «qualité de la vie». Alors oui, c'est vrai, t'as une grosse baraque et oui, on pourrait construire facilement deux, trois Leroy Merlin rien que dans ton potager. Mais justement, toi, pour aller au Leroy Merlin, tu dois te casser le cul à sortir l'attelage, préparer les chevaux et prévoir une journée entière pour faire tes emplettes. Puis vaut mieux pas louper le camion épicerie qui passe qu'une fois par mois dans ton bled. Sinon, ton salon va sembler bien vide sans le ruban attrape-mouches que tu aimes tant.

La densité de bipèdes étant moins importante dans ces vastes contrées, l'information voyage par conséquent plus lentement. Il paraît qu'en Ariège, ils ont fêté récemment la victoire des bleus en Coupe du monde... Celle de 98. Alors, pour ne pas qu'ils se sentent trop exclus du monde civilisé, on a eu la bonne idée de créer le Salon de l'Agriculture afin de faire venir le terroir dans la sacro-sainte Ville Lumière. Le temps d'une semaine entière, ils peuvent montrer aux citadins ignorants d'où vient le quinoa qu'ils aiment tant. Quand la boue des champs se mêle aux tapis de la *Fashion Week*. Décidément, Paris est une ville surprenante.

Tiens, à propos de Paris. Grâce à BFM et consorts, les campagnards sont persuadés que la banlieue est un mix entre le Mordor et un bar à chicha à ciel ouvert. Chaque coin de rue est un *spot* parfait pour vous faire poignarder par des gobelins islamistes sentant le tabac à la pomme. Ils oublient bien vite selon moi que les meilleurs épisodes de *Faites entrer l'accusé* ne se passent jamais en Seine-Saint-Denis...

# SCHWARZY

Pour traiter ce sujet, je ne vais pas aborder le narcissisme collectif *boosté* par les réseaux sociaux qui fait si bien fonctionner les salles de sport en ce moment. Je ne vais pas non plus me foutre des culturistes qui enchaînent les poses ridicules devant leur miroir pour galber des membres difformes… Ah bah si, je l'ai fait, en fait.

Blague à part, il serait facile de dire que s'ils passaient autant de temps à lire des bouquins plutôt qu'à soulever de la fonte, on se retrouverait avec une pelletée d'académiciens. Cependant, pour obtenir ces proportions qui feraient passer un Picasso pour de l'ultraréalisme, les bodybuilders se doivent d'être experts dans plusieurs domaines:

- Tout d'abord, l'alimentation. Incollables comme des nutritionnistes diplômés, ils contrôlent leur alimentation aussi sévèrement que le gouvernement chinois ses réseaux sociaux.
- En pharmacologie, tout est bon pour faire grossir leurs petits chouchous qu'ils appellent parfois par des p'tits noms. Pilules, piquouzes, poudres miracle et j'en passe. Je n'imagine même pas le cocktail qui doit se balader dans les pipelines qui leur servent de veines. De quoi rendre jaloux toute une équipe de coureurs cyclistes.
- En selfie, ils ont l'art de prendre le cliché parfait d'une main tout en bandant leur autre bras pour

montrer à leurs *followers* à quel point ils sont beaux dans leur joli costume en fibre musculaire.

Avec leurs muscles imposants, ils semblent pourvus d'un physique pouvant faire face à toutes les situations. Pourtant, pour faire fonctionner une telle machinerie, il faut une quantité folle de carburant et donc de nourriture. En situation extrême, leur corps sera plus un handicap qu'un véritable atout. Bref, tu ne verras jamais The Rock gagner *Koh-Lanta* ou alors il aura bouffé son équipe.

Leur physique imposant leur enlève l'agilité et la coordination nécessaires pour la plupart des activités sportives. N'allez pas demander à ces gus de taper un 200 mètres papillon. Vous allez mettre en galère le maître-nageur quand il essaiera de remonter à la surface les 110 kg de barbaque qui feront des bulles au fond de la pistoche.

AH NON, VOUS
VOUS MÉPRENEZ, J'AIME
JUSTE LE GOÛT!

JE LUI AVAIS DIT QUE JE VOULAIS ÊTRE GAULÉ COMME UN ÉLÉPHANT... J'AURAIS DÛ ÊTRE PLUS EXPLICITE.

# NIP/TUCK

S'il y a bien une chose qui nous différencie des animaux, c'est bien d'avoir des complexes. Eh oui, on n'a jamais vu un guépard complexé par la forme de certaines de ses taches. L'humanité entière est complexée, même la nana la plus canon de la planète a forcément un petit complexe ou deux. Le complexe, c'est comme une carie, si on n'y prête pas attention, ça s'arrange avec le temps... enfin, je crois.

Mais certains ne pouvant plus cohabiter avec ce qu'ils considèrent comme une difformité passent le pas et dépensent leurs économies pour se faire charcuter. Mettre le prix d'une Twingo pour se faire lisser le cuir, moi, pour vingt balles, je m'en charge. Faut juste que je remette la main sur mon pistolet à clou et on est bon.

Certains deviennent accros et entreprennent alors des travaux de gros œuvre. Tout y passe: le nez, la bouche, les fossettes alouette. Sympa le message envoyé aux parents. «Désolé maman, mais le chirurgien va corriger ton boulot parce que là je ressemble à un brouillon.» Après tout, si ça les fait kiffer de ressembler aux frères Bogdanov, chacun sa vision de la beauté.

Aujourd'hui, on peut tout refaire, tout remodeler... sauf le pénis, étrangement. En même temps, même si un chirurgien venait à trouver la méthode miracle pour qu'on ait tous un didjeridoo dans le Dim, pas sûr que ça se bousculerait au portillon pour se faire charcuter la teub. Car l'ombre de l'erreur médicale plane. On a tous vu sur Internet ces clichés de chirurgie complètement foirée. Alors, imaginez ce que ça pourrait donner sur un organe qui n'est déjà pas très folichon à regarder.

On a aussi peur du médecin tremblotant, du bistouri qui ripe. Mon frère dit toujours: micropénis certes, mais pénis quand même. Celle-là, elle est pour toi. Fallait pas me péter mes jouets quand on était gamins.

# ALLÔ, TU M'ENTENDS ?

Comme la voiture, le téléphone portable est un révélateur qui montre que certaines personnes n'en ont mais alors clairement rien à battre de leurs semblables. Moi, je ne peux pas les encadrer, certes, mais ce n'est pas pour autant que je leur pourris la vie. Au contraire, je préfère rester en tête-à-tête avec ma haine, c'est plus sain.

Franchement vous n'en avez pas marre, lorsque vous êtes dans les transports ou dans un magasin, de devoir supporter, juste à côté de vous, un crétin qui discute au téléphone avec le haut-parleur ? Ce n'est même plus du mépris à ce niveau-là, mais de la négation d'autrui. Dans leur monde, vous n'existez tout bonnement pas.

Aucunement gênés de partager leur intimité, ils jouent même les effarouchés si jamais on ose leur demander poliment de désactiver le haut-parleur. Alors qu'au fond de nous, on a qu'une envie, c'est de leur arracher leur tel à la con et de leur caler bien au fond du gosier, donnant au son du haut-parleur un petit effet cathédrale très sympa.

C'est quand même assez osé de notre part de souhaiter ne pas entendre les jérémiades d'une greluche qui détaille à sa pote son rencard foireux de la veille. Mais au moins, on sait grâce à elle que le petit restau chinois de la rue Leclerc n'est pas dégueu. Enfin, selon les goûts d'une nana qui semble s'être maquillée dans le noir, habillée d'un yoga *pant* et d'une doudoune dorée… À vos risques et périls!

Comme souvent dans ces catégories de casse-burnes, il y a toujours l'élite, le nectar, la crème de la crème. Mention spéciale aux débiles qui, bien qu'ils soient en haut-parleur avec le volume au max, ont le micro collé à l'oreille. Les gars jonglent entre la position où ils écoutent et celle où ils doivent répondre en replaçant leur téléphone devant la bouche. Franchement, c'est désespérant, quand tu vois ce genre de gus, tu te demandes vraiment comment on a fait pour devenir l'espèce dominante.

Si les autres espèces animales n'ont pas réussi à prendre l'ascendant sur nous vu comment on est teubés… elles méritent l'extinction, ne comptez pas sur moi pour chialer sur le sort des ours polaires.

MOI MON TRUC, C'EST D'APPELER MON ASSURANCE QUAND JE SUIS DANS LES TRANSPORTS. CERTES, C'EST VIVALDI EN BOUCLE, MAIS C'EST MOINS CHER QUE DEEZER.
32:15
EN ATTENTE

CONTRAIREMENT À MES CONGÉNÈRES, JE NE MANGE QUE DES MOUCHES. Y A BEAUCOUP MOINS DE SALOPERIES QUE DANS LA VIANDE HUMAINE.
BZZ ?!

# NOUS SACHONS !

Pas besoin de perdre mon temps à essayer de vous pondre un texte qui vous fera lâcher difficilement l'esquisse d'un demi-sourire pour parler des conspirationnistes. Vu qu'ils ont déjà fait le taf à ma place et que je serai jamais aussi drôle qu'eux, permettez-moi de vous énumérer quelques-uns des hits les plus populaires.

- On n'a pas marché sur la Lune, ça a été tourné à la mer de Sable avec un iPhone 4 (ouais ils l'avaient déjà à l'époque, c'est ça la véritable conspiration).
- Le sida a été créé en laboratoire. À la base, ils cherchaient à créer la Covid-19, mais se sont plantés dans la recette.
- Le prince Charles est un vampire, mais lui, ce sont ses oreilles qui s'allongent... Ouais OK, elle était facile celle-là.
- Tupac, Michael Jackson et Freddie Mercury ne seraient pas morts. Ils vivraient en secret sur une plage nudiste près du Cap-d'Agde.
- Hitler est mort à 95 ans au Brésil, juste après le deuxième but de Zizou. La France championne du monde, ça l'a achevé.
- La Terre est plate comme l'onde cérébrale des adeptes de cette conspiration.
- Nous vivons dans une gigantesque simulation virtuelle... Qui tournerait sous Windows 95... ça expliquerait beaucoup de choses.

- Le monde serait gouverné par des reptiles géants mangeurs d'hommes qui, visiblement, ont un petit appétit.
- Les pyramides ont été construites par les extraterrestres, ils voulaient en faire un casino, mais elles sont devenues des antennes 4G.
- Keanu Reeves est immortel. Celle-là, j'y crois !
- Le 11-Septembre a été fomenté par... Mmmhh ! Mmmmhhhh ! MMMMHH

**Tout est normal, veuillez regarder la petite lumière rouge, je vous prie.**

# ELMER FUDD

On n'a jamais vu un barrage de flics aux abords d'une forêt afin de faire souffler dans le ballon les gais lurons qui s'en vont joyeusement trucider Bambi et tous ses potes. Pourtant, un mec armé peut faire autant de dégâts que moi avec ma Clio et trois, quatre pintes de trop.

Les défenseurs de la chasse la comparent à un sport comme le football. Sauf qu'au foot, si tu cadres mal ton tir, tu ne risques pas d'exploser la rondelle d'un cueilleur de champignons. En quoi consiste la chasse? Pister, traquer et tuer sa proie... Sympa... Le seul truc qui les différencie du *serial killer*, c'est que leurs proies ne possèdent pas de cartes d'identité. N'allez pas non plus me dire que ce sont des amoureux de la nature ou alors, il faudrait leur expliquer que les douilles qu'ils laissent par milliers dans les bois ne vont pas donner des arbres à cartouches. Pareil pour les canettes de 8.6. Croyez-moi, j'ai déjà testé.

Ne me parlez pas non plus de régulation quand tu sais que la plupart des animaux qu'ils chassent viennent d'élevages et n'ont jamais connu la vie sauvage. Autant balancer des steaks hachés un peu partout dans la forêt, ça donnerait moins de boulot à leurs clebs.

On parle souvent de lobby des chasseurs qui chuchoterait à l'oreille des politiques pour que jamais on ne touche à leur « petit passe-temps ». Mais la réalité est plus simple selon moi. Interdisez la chasse et ça va être un sacré bordel. Imaginez des Gilets jaunes qui troquent leur barbeuc contre des calibres 12. Ça va finir en chasse à courre dans les couloirs de l'Élysée, c'est moi qui vous le dis.

Les mecs ont tous les droits. Si un cycliste se fait canarder sur un chemin de terre, ça sera de sa faute. Il aurait dû signaler sa présence en activant fréquemment sa sonnette. Remarque, ça ne serait pas con de se balader en forêt en foutant un max de bordel en période de chasse. D'une, ça éviterait de nous faire tirer dessus et de deux, ça ferait fuir leur gibier et... on se fera tirer dessus...

Ouais, bah, laissez tomber, mauvais plan. Désolé Bambi, va falloir que tu te démerdes sur ce coup-là. T'as qu'à demander de l'aide à ton pote Panpan.

MOI JE CHASSE AU SAC PLASTIQUE C'EST MOINS SALISSANT QUE LA CHEVROTINE.
PAR CONTRE ÇA PREND PLUS DE TEMPS...

LE 110 MÈTRES HAIES
C'EST RINGARD !
LE 10 KM PIÈGE À LOUP.
ÇA, C'EST L'AVENIR !!!

# UNE, DEUX, UNE, DEUX

Profitant en terrasse des premiers rayons du soleil d'un dimanche matin, je me délecte de la douceur de mon deuxième Picon bière. Qu'il est bon de ne rien faire, de n'avoir aucun plan et de se laisser emporter par le courant paisible d'une journée de glande ! Plaisir coupable gâché par l'apparition à petites foulées d'un connard de joggeur.

Passant à mon niveau, il ose même me faire un petit signe de tête en guise de salut. Mais un salut qui juge, un salut qui toise. Car lui s'est levé ce matin pour affronter le froid. Lui forge par l'effort son corps et son mental. Alors que moi, je ne suis qu'un misérable épicurien qui se laisse aller dans un tourbillon de flemme qui me fera mourir prématurément pendant que monsieur finira son cinquantième marathon.

Chaque foulée est une pierre de plus apportée au monument de leur autosatisfaction. En soirée, ils ne te parlent que de ça. Des courses qu'ils ont faites, des courses qu'ils préparent, s'enfilant en apnée des galons de flotte et des kilos de fruits secs. Toi, tu culpabilises, car tu meurs d'envie d'une autre binouze afin de pouvoir supporter cette conversation à sens unique. C'est ça, ou lui éclater sur le crâne celle que tu viens de terminer.

On pourrait croire que courir est un sport accessible à tous. Qu'il vous suffit de sauter dans une paire de baskets et en avant pour des heures de gambadage. Cependant, si on met bout à bout le paquetage complet du parfait petit joggeur, on arrive rapidement à un beau pactole. Entre les chaussures, les vêtements et la montre, courir fait fondre le gras du cul, mais aussi le livret A.

En plus, les gars ne savent pas se vanter. Ils te mettent sous le nez une montre hors de prix juste pour te montrer que leur nombre de battements de cœur par minute au repos est inférieur à cinquante... Pitoyable. Le mien bat aussi vite que celui d'un colibri hyperactif et je ne me la raconte pas pour autant.

Ils sont si fiers d'eux. Pourtant, ils ne font que courir. Je veux dire, c'est quand même la deuxième chose que tu apprends après marcher. Alors, arrêtez de partager sur les réseaux la capture d'écran du circuit que vous venez de parcourir. Tout le monde vous hait quand vous faites ça.

# LES RASTAS BLANCS

Fabien, alias Fab, a grandi dans un foyer aimant, dans le cocon chaleureux d'un quartier pavillonnaire. Enfant sans histoire, il faisait la fierté de ses parents en étant entré au conservatoire pour sa maîtrise précoce du piano. Puis arriva le temps du lycée et de ses premières tentations. Le jeune Fab fit alors connaissance d'une enivrante, mais odorante maîtresse au doux nom de Marie-Jeanne.

À cet instant, tout bascula. Fab, pourtant fan de Beethov, commença, de plus en plus, à hocher la tête au rythme bradycardique d'une musique qui jusque-là l'avait toujours laissé de marbre. Des posters d'un homme à la drôle de chevelure vinrent recouvrir peu à peu les murs de sa chambre. Il découvre alors un univers d'amour et de respect aux teintes verte, jaune et rouge.

Petit à petit, Fab glisse dans le côté mou de la force. Son vocabulaire s'en trouve altéré et de drôles de mots tels que « Man », « Jah » ou « Faya » viennent ponctuer chacune de ses phrases. Il abandonne le piano pour ressentir les vibrations de la terre mère avec son bongo. Ses cheveux se muent en tentacules hirsutes auxquels il aime accrocher toutes sortes de breloques afin de faire ressembler ceux-ci aux pas de porte qu'on retrouve à la campagne empêchant les mouches d'entrer. Ses « locks » sont devenues sa plus grande fierté. À l'instar des samouraïs, l'hygiène en moins, elles représentent son identité, son honneur de rasta.

Depuis, Fab a envoyé balader ses études au grand désespoir de ses parents. À quoi bon trimer toute sa vie pour engraisser Babylon? Un diplôme ne fait guère le poids sur la place du marché de Clermont-Ferrand quand on maîtrise les bolas enflammées et le diabolo.

Fatalement, avec l'âge, Fab a abandonné ses faux airs de libre-penseur en papier à rouler. Il a rasé ses dreads et a commencé à fricoter de nouveau avec Babylone. Bah oui, quand tu vois que la quasi-totalité de l'humanité se fout gentiment de ta gueule, tu te remets en question. C'est ça ou alors il s'est pris une bolas enflammée dans le tas de foin qui lui servait de cheveux.

FUCK BABYLONE ET CETTE SOCIÉTÉ DE CONSOMMATION !
COUPE DREADLOCKS MÉTRO CHÂTEAU ROUGE 250€
BANDEAU « CALMAR HEAD » 30€
« SUPER SKUNK » 14€ LE GRAMME
BIJOU CAPILLAIRE 25€
SAROUEL « ALADIN ZION » 80€
SANDALE « FLEXING DUTCH » 150€
DJEMBÉ « FAYA VIBRATION » 85€

AVEC DES GOSSES QUI FONT LA LOI, TU M'ÉTONNES QU'ON AIT LA « PAT PATROUILLE » AU GOUVERNEMENT !

# LES BIENVEILLANTS

L'éducation positive ou bienveillante fait de plus en plus parler d'elle. Elle est omniprésente dans les blogs et toutes sortes de magazines pour nana. Note pour les féministes en train d'aiguiser leur lime à ongles tout en cherchant mon adresse sur Google, sauf erreur de ma part, l'éducation positive n'a jamais fait les gros titres de *Auto Moto*, la bible de tout moustachu qui se respecte.

La façon d'éduquer les mômes a évolué selon les ajustements apportés par la génération suivante. Enfin, depuis qu'on s'en soucie, je veux dire. Bah oui, quand il y avait plus de pierres tombales dans le jardin que de chaussettes de Noël sous la cheminée, la priorité, c'était d'avoir un toit au-dessus de tes poux et de quoi becter. L'éducation était le souci des nantis.

Chaque génération est persuadée d'être meilleure que la précédente. Pensant faire toujours mieux que nos parents, nous avons glissé peu à peu vers des modes d'éducation alternatifs moins sévères laissant de plus en plus d'importance aux émotions de nos bambins. Transformant ces derniers, lentement mais sûrement, en mini Mussolini en turbulette Pat' Patrouille.

Ne pas crier, ne pas punir, coopérer avec son enfant. Tel est le mantra de l'éducation bienveillante. T'as déjà essayé de coopérer avec un gamin de 4 ans en pleine crise de nerfs? Autant jouer à je te tiens, tu me tiens par la dynamite avec un terroriste mauvais perdant de surcroît.

Ne jamais s'énerver même quand un mioche te hurle dessus comme si tu étais la dernière des merdes. Ne pas le punir même s'il a décidé d'exprimer ses talents artistiques à l'indélébile sur ton poster dédicacé de *Salut les Musclés*. Ne surtout pas lui mettre la tête dans la litière du chat après qu'il a versé dans la pâte à crêpes les cendres de mamie... Non, ce n'est jamais arrivé!

Et puis, éducation bienveillante, qu'est-ce que ça sous-entend? Que les parents qui ne veulent pas se faire victimiser par leurs gamins et leur inculquer des principes basiques comme le refus (eh oui, dans la vie, ça existe, désolé) sont des parents malveillants?

Je préfère retourner lire mon *Auto Moto*, je commence à m'énerver et ça m'embêterait de perdre mon temps à insulter ces parents qui pètent plus haut que la tête de leurs mômes.

# LES FAUX GEEKS

Geeks, désignation à la mode pour définir les adultes atteints du syndrome de Peter Pan. Leur développement personnel s'étant arrêté à quatorze balais, ils sont passionnés par des trucs censés être destinés aux gamins. Regarder des dessins animés quotidiennement alors qu'on a dépassé la quarantaine est une chose banale pour eux.

Pour ce genre de spécimen, porter un T-shirt Tortues Ninjas vintage est le summum du bon goût et lui vaudra l'approbation de ses pairs. Car le geek se doit d'être un puriste avec une solide base de référence. C'est ainsi que vous pouvez assister sur certains forums à des joutes rhétoriques d'experts afin de déterminer une bonne fois pour toutes qui de Sangoku ou Superman est le plus chaud à la baston.

Oui, vous l'avez compris, les préoccupations des geeks sont bien loin du monde des mortels. Ils ne connaissent pas la moitié des ministres du gouvernement, mais sont capables de réciter en apnée la totalité des Pokémons.

Vu que ce sont des enfants avec des moyens d'adultes, les entreprises ont très vite compris qu'il y avait de la moula à se faire. À commencer par Hollywood. On ne compte plus le nombre de films Marvel et toute cette soupe prédigérée... Des trucs vus et revus, mais qui remplissent les salles de pigeons à la recherche de leurs shoots de fan service.

La nostalgie est aussi un bon moyen de faire cracher des thunes au mioche qui tient les manettes de l'encéphale. Ainsi les vieilles figurines vintage de leurs héros préférés s'arrachent à prix d'or. Va essayer de raisonner quelqu'un prêt à manger des coquillettes pendant trois mois juste pour avoir un Batman grandeur nature dans son salon.

Autrefois, le geek désignait les passionnés de technologie. Des as de l'informatique qui tartinaient des lignes et des lignes de code juste pour le fun. Aujourd'hui, être geek ne veut plus dire grand-chose. Si vous êtes sensible à tout ce qui touche de près ou de loin à l'imaginaire, vous pouvez vous revendiquer geek... Même ces victimes de fans de *Harry Potter*!

Les geeks aiment se regrouper lors de conventions. Véritables cours des miracles où le profane persuadé d'être glissé dans un monde parallèle croisera des centaines d'adultes aux oreilles de chat. Tous venus pour dépenser des fortunes dans l'achat de *goodies* japonais *made in china* et autres *katanas* en plastique.

Pourtant, il en est sûr, le portail grinçait quand il est parti de chez lui ce matin...?

LA VACHE ! ELLES SONT BALÈZES LES SAUTERELLES CETTE ANNÉE !
TCHAC
TCHAC
AU CÔTÉ OBSCUR MÈNE LA HAI... HAINE KOF ! KOF !

LE PROBLÈME
À PARIS, C'EST
LES CLODOS QUI DORMENT
PAR TERRE...
ÇA FLINGUE MA MOYENNE.
TIC

# TONNERRE ÉLECTRIQUE

Le vélo, sorte de véhicule diplomatique pour lequel le Code de la route ne s'applique pas. Tous les feux rouges et autres stops ne sont qu'un moyen pour le cycliste de remonter tranquillement la file des voitures et refaire rouler au pas le pauvre automobiliste qui avait tant galéré à le doubler cinq minutes auparavant. Un équilibre subsistait cependant dans le fragile écosystème qu'est la circulation en milieu urbain jusqu'à l'arrivée de cet engin de l'enfer... La trottinette électrique.

Pour commencer, on pourrait aborder l'aspect esthétique. N'importe qui posant ne serait-ce qu'un orteil sur cette chose perdra irrémédiablement tout son charisme. Même Brad Pitt ne s'y risquerait pas. Malgré ça, certains pensent encore pouvoir sauver leur image en décidant de ne pas porter de casque. Je comprends que niveau style, ce n'est pas très «Lagerfeld *friendly*», mais franchement à ce stade, c'est comme mettre un pansement sur une jambe de bois.

Pensant à juste titre être les égaux des cyclistes, ils se torchent joyeusement avec le Code de la route. Pire, la maniabilité de la trottinette leur permet de jongler entre route et trottoir quand ces derniers sont plus propices à bourrer comme des ânes pour pas louper le prochain tram.

Vous vous retrouvez donc avec des inconscients, frôlant les passants en roulant aussi vite que des scooters. Si mamie n'a pas succombé à la collision, c'est l'arrêt cardiaque qui aura sa peau. N'empêche, mourir à cause d'un accident de trottinette... Si ça, ce n'est pas naze, comme mort. Certains font toute une carrière comme pompier ou militaire et toi tu clamses un dimanche matin en revenant du marché à cause d'un connard qui préférait rouler sur le trottoir parce que la route... c'est quand même dangereux!

Dans les grandes villes, certaines sociétés ont placé des trottinettes en libre-service. Ainsi, l'usager a la liberté d'enfourcher son tonnerre électrique n'importe où, et de l'abandonner une fois arrivé à destination, c'est-à-dire n'importe où. On crée des espaces dédiés pour parquer ces merdes et en même temps on dépense des milliers d'euros pour empêcher les SDF de dormir sur les bancs publics... Ils n'ont qu'à aller à l'hôtel, en trottinette de préférence.

# MACHO MACHOMAN

Pourquoi mépriser quelqu'un en se basant sur quelque chose d'aussi trivial qu'une paire de chromosomes ? C'est faire preuve selon moi d'une vision étriquée. Un peu comme, argh, j'ai oublié le terme... Vous savez, il en reste très peu de nos jours, vu que c'est une mentalité archaïque... ah oui, les xénophobes, pardon, j'avais un trou.

Avec tous les exemples que nous a fournis l'Histoire, comment quelqu'un peut-il encore affirmer que la femme n'est pas l'égale de l'homme ? Elles sont tout aussi égocentriques, folles, capricieuses, irresponsables, mauvaises, avides et menteuses que nous autres.

Les féministes qui clament haut et fort que le monde court à sa perte à cause des hommes et du patriarcat ont, selon moi, une bien piètre vision du potentiel féminin. En matière de méchanceté, les femmes jouent dans la même catégorie. Marie Tudor n'avait pas de jolies petites moustaches, mais ça ne l'a pas empêchée de brûler vifs des gens à cause de leur foi. Le fanatisme n'est pas l'apanage des adeptes du slip kangourou.

J'ajouterai à cela qu'on compte beaucoup moins de femmes en prison que d'hommes. Est-ce parce qu'elles sont moins malhonnêtes ? Détrompez-vous, c'est juste qu'elles couvrent bien mieux leurs traces. Alors méfiez-vous, à force de sous-estimer le sexe dit faible, vous pourriez bien vous retrouver avec un coup de talon aiguille dans la carotide. Puis comptez pas sur elles pour se balancer entre elles. Elle vient d'où cette fameuse solidarité féminine selon vous?

Les femmes étant égales aux hommes, elles méritent pour ma part le même mépris que je voue à ces derniers. Et c'est là qu'est toute la beauté de la misanthropie. Une haine universelle qui ne s'attarde pas sur les différences. Une haine qui se moque du racisme, du sexisme et des religions. Une haine qui n'exclut personne et englobe tous les êtres humains en son sein. Les wokes ont raison. Que c'est bon d'être inclusif!

PAS DE DOUTE, LA TUEUSE AUX LOUBOUTINS A ENCORE FRAPPÉ. SÛREMENT UN CONCURRENT QUI A ESSAYÉ... DE LUI MARCHER SUR LES PIEDS !
TANANANANANANA*

Le truc relou avec les gamins, c'est qu'ils foutent leurs sales pattes partout

# LES PARASITES

S'il y a bien une chose de sacrée en ce bas monde, ce sont bien les gosses. Demandez aux curés, ils confirmeront, le sacré, c'est leur dada. Les gosses ont ce statut, car ils représentent l'avenir. De ce fait, il est fortement déconseillé, sous peine de passer pour le dernier des connards, d'afficher son aversion pour les héritiers de l'humanité.

N'ayant plus aucune illusion sur ma nature profonde, il est par conséquent enfantin pour moi d'exposer ici ce que la plupart des adultes musellent par leur hypocrisie collective. En même temps, si de tels sentiments n'étaient plus tabous, l'humanité disparaîtrait en quelques générations. Il y aurait sans doute quelques cathos qui feraient de la résistance, mais on sait tous comment ça finit l'entre-soi.

Ce qui frappe en premier lieu quand vous avez ces minihumains à proximité, c'est l'acoustique. Malgré leurs petites tailles, ils n'ont rien à envier aux alarmes incendie. Utilisant leur puissance vocale comme une arme, ils peuvent faire péter un verre en cristal sans même s'échauffer les zygomatiques.

Les enfants sont aussi de piètres artistes. Dessin, musique, chant, ils massacrent tout ce qu'ils touchent et ne sont pas du tout ouverts à la critique. N'allez jamais dire à un gosse que son dessin est foiré, il risque de pleurer.

En fait, ils sont ce petit ingrédient en trop qui gâche la recette. Une petite pause-toilette au calme? N'y songez même pas si Lou, 4 ans, est dans les parages. Un trajet de quelques heures en voiture vers Saint-Tropez deviendra vite un aller simple pour l'enfer si Eliott, 8 ans, peaufine son *high kick* sur votre appuie-tête.

Les gosses coûtent une blinde et ne servent pourtant à rien. Sorte de chômeurs à dents de lait, ils ne bossent pas, ne font rien pour remplir le frigo, mais ne se gêneront pas pour vous pourrir si vous vous êtes plantés de marque de gâteaux. Parlons-en des courses, tiens, déjà que ce n'est pas la joie en temps normal, mais si vous rajoutez un gosse dans le chariot, là, c'est carrément la corvée. Après vous avoir bien travaillé au corps dans les rayons, voilà venir le coup de grâce. Sous couvert de l'immunité diplomatique que leur accorde leur jeune âge, ces petits bâtards décomplexés ne se gêneront pas pour se moquer ouvertement du physique disgracieux de la personne devant vous à la caisse. Assez fort pour que bien sûr tout le monde puisse entendre à quel point vous l'avez mal élevé. Échec et mat, t'avais qu'à acheter des Pépito, mon gars.

# LES LUMINEUX

La Ville Lumière ! Si ça ce n'est pas un pseudo qui envoie des paillettes. Présomptueux, certes, mais c'est un minimum pour qualifier la plus belle ville du monde. Chaque année, elle attire des millions de touristes en quête du fameux « charme à la française ». Capitale de la mode, Paris est aussi le centre de la culture et... Oh bordel, je commence à parler comme un Parisien !

Les Parisiens représentent pour le reste du monde l'archétype même du Français de base. Ce qui fait grincer les dents en bois des provinciaux. Pour eux, les Parisiens sont des êtres hautains, austères, orgueilleux aux Champs-Élysées... Une élite autoproclamée qui estime que la France ne serait pas la France sans Paris et donc sans eux. Mais ont-ils tort ? De toute façon, qu'importe ce que vous pouvez dire sur eux, rien n'entachera l'estime en tungstène qu'ils se portent.

Bien qu'il coure partout et tout le temps, le Parisien ne quitte que très rarement son habitat naturel. En même temps, il a tout ce qu'il désire à moins de cinq cents mètres de chez lui, alors pourquoi prendre le risque de quitter la civilisation en traversant le périph ?

La plupart n'ont pas le permis de conduire, mais vous ne trouverez jamais un Parisien dépourvu de Passe Navigo. Ayant appris par cœur le plan du métro avant d'avoir su lire, le Parisien n'aime cependant pas partager ses connaissances durement acquises. N'allez surtout pas demander votre chemin à un autochtone. C'est tout juste si vous obtiendrez une réponse. Parfois un regard dédaigneux pour les plus polis d'entre eux. Souvent des ex-provinciaux qui ont gardé quelques sales habitudes.

En même temps, on peut comprendre leur humeur de pitbull qui vient de sortir du véto pour une petite coupe, quand tu vois le bordel dans lequel se trouve leur ville. Je soupçonne Hidalgo d'être un agent marseillais infiltré. Bond à côté, c'est un amateur.

Le Parisien est capable de supporter la pollution, les déjections canines, la circulation chaotique, les poivrots en terrasse qui gueulent jusqu'à deux heures du matin, mais n'allez surtout pas leur mettre un coq à moins de 500 mètres de leur Airbnb. C'est un coup à leur faire regretter leur 35 m$^2$ avec toilettes sur le palier.

Si les terrasses ont une telle importance dans leur quotidien, c'est qu'elles leur permettent d'entretenir un taux d'alcool suffisant pour pouvoir rendre leur quotidien bétonné supportable. Que voulez-vous, certains ont la montagne devant leurs fenêtres, d'autres ont la colline du crack.

MAIS VOUS POUVEZ VOLER NOM DE DIEU ! VOUS POUVEZ ALLER AU BAHAMAS SI L'ENVIE VOUS EN PREND. QU'EST-CE QUE VOUS FOUTEZ ENCORE DANS CE BOUGE ?!
ROU ?!
ROU ROU

FRANCHEMENT LES GARS, JE LA RAMÈNERAIS PAS TROP À CRITIQUER CONSTAMMENT LA JEUNESSE ACTUELLE.
OUBLIEZ PAS QUE VOUS AVEZ VALIDÉ CE LOOK DE CLOWN.

# LES BOOMERS

Découvrez «Boomz machine remix 2024», la compil référence de la boomer *music*. Déhanchez-vous à vous en faire sauter la prothèse sur le tube de l'année: *Moi, de mon temps, on avait plus de respect.*

Découvrez les futurs hits de l'été validés par les Ehpad d'Ibiza: *La jeunesse fait n'importe quoi* et *De toute façon, y a plus de saison* remixés par DJ Trente Glorieuses.

Une compilation 100% antiboutonneux. Poussez le volume et faites fuir tout ce qui possède encore ses dents d'origine dans un rayon de 50 mètres.

Validé par l'Amicale des Sonotones de France, ce double album est garanti sans «wesh» sans «frère» et sans «lol». L'accompagnement idéal pour vos longs trajets en «Stannah».

Opération spéciale: en achetant l'album, obtenez en exclusivité deux places pour le «On ne peut plus rien dire Tour 2024» Tournée exceptionnelle réservée uniquement aux survivants du disco.

Avec le code promo «Ce qu'il faut, c'est une bonne vieille guerre», votre huitième rappel du coronavirus vous est offert.

Alors, n'attendez plus, car demain il sera peut-être trop tard...

À CHAQUE FOIS QUE JE VOIS UN TYPE FAIRE DES GUILLEMETS AVEC SES DOIGTS, C'EST PLUS FORT QUE MOI...
J'CROIS QUE J'AI UN PROBLÈME !

# LES SNOBS

Savant cocktail de vanité et de suffisance, le snob peut être de tout poil. Cinéphile, zicos, dans la mode et j'en passe. Si vous vous définissez comme un puriste, c'est que vous êtes sûrement vous-même un de ces êtres abjects.

Le snob cherche à se distinguer du commun des mortels par tous les moyens. Il est persuadé de faire partie d'une sorte d'élite; sociale ou intellectuelle, il s'en fiche, du moment qu'il peut toiser de son piédestal imaginaire les «normaux».

Virtuose de l'autofellation mentale, il *booste* sa confiance en soi en méprisant ce qu'il juge comme inférieur. En collant l'étiquette de «beauf», il marque au fer rouge dans son esprit étriqué le fou qui aurait eu le malheur de ne pas correspondre à ses critères de sélection.

Mais bon, il faut bien des petites gens pour pouvoir se sentir supérieur. Alors le snob, dans sa grande mansuétude, les laisse partager son espace et accepte qu'ils puissent respirer son oxygène, mais pas trop près de lui. Manquerait plus que l'on croie qu'ils fassent partie du même monde.

Les snobs adorent se regrouper à l'occasion de vernissages ou dans des «*rooftops*» de bar au concept innovant et novateur. Oui, le snob adore utiliser un vocabulaire pompeux ponctué d'anglicismes pour montrer qu'il est dynamique et cultivé. Véritable partouze d'ego-trip, ces réunions sont l'occasion parfaite de donner un coup de *boost* à leur mégalomanie.

Cependant, malgré tous les efforts qu'il fera pour sembler être à la pointe, le snob ne sera jamais créatif, jamais original. Il a bien trop peur de sortir de son moule de cul serré et de se faire aussitôt juger par ses pairs. Il perdrait alors sa carte de membre du club des trous du cul si durement acquise.

Il restera un simple mouton de plus, bêlant en faisant des guillemets avec les sabots. Figé dans un conformisme qu'il considère comme le summum du bon goût. Il ne sera jamais un leader, jamais un exemple. Juste quelqu'un de très fier de lui-même, alors qu'il n'a rien accompli et n'accomplira jamais rien.

# FREAKY FRIDAY

Dans une jungle dense, jonchée de caleçons aux taches douteuses et autres canettes de Red Bull vides, se trouve un ado profondément endormi. La langue sortant à moitié d'une gueule qui a oublié depuis longtemps le goût du dentifrice. Il profite de la lumière chaude du début d'après-midi pour terminer tranquillement une nuit qui a commencé bien tard.

Bien qu'ayant une taille s'approchant de l'adulte, l'ado reste encore très dépendant de ses aînés. Malgré son appétit colossal, sa vélocité de concombre de mer en fait un piètre chasseur. Quant à la cueillette, il préfère fumer les plantes qu'il croise sur son chemin, n'arrangeant en rien le côté poisson blob qui le caractérise.

Malgré tout, n'allez pas croire que l'adolescent est un être docile, bien au contraire. Introduisez-vous dans son antre en son absence et vous subirez alors l'assaut d'une bête enragée qui visera les yeux. Car l'ado est fourbe, c'est bien connu.

Le rugissement de l'ado est caractérisé par sa non-constance. En effet, il est presque impossible même pour lui de savoir dans quel état le son qu'il va produire sortira de sa bouche. Ainsi, il évite le plus possible de parler et se contente d'expirations bruyantes pour répondre aux questions qu'on ose lui poser.

Ils laissent derrière eux une odeur typique, mélange de sueur et de sébum séché. Sans doute une manière efficace de marquer leur territoire sans avoir à se frotter partout. Et pourtant, Dieu sait qu'ils aiment ça.

En dépit de sa dépendance envers ses aînés, l'ado ne supporte pas d'être vu en compagnie de ses géniteurs. Ainsi, il usera de toutes les ruses et excuses pour se débarrasser de vous aux abords du lycée. Sauf si vous avez une voiture qui claque. Car malgré la calculette Texas TI-82 qu'il a sur la gueule, l'ado est très sensible à l'image qu'il renvoie à ses congénères.

On pourrait croire qu'avec toutes ses tares, l'ado est voué à se faire manger tout cru par l'implacable sélection naturelle. Cependant, c'est finalement lui qui vous poussera vers la sortie et qui fera du fauve que vous étiez un vieux lion complètement dépassé. Le règne animal est impitoyable.

LE CHAT FAIT
« MIAOU »
LE CHIEN FAIT
« WOUAF »
LE MOUTON FAIT
« BÉÉÉ »
L'ABEILLE FAIT
« BZZZZ »
ET L'ADO FAIT
« PFFFF ».

MERDE,
J'SUIS PAS UN VAMPIRE
FINALEMENT.

# ET PUIS Y A TOI !

## (TEXTE DE CONCLUSION)

Oui, toi là, qui pianotes les touches de ton ordi, un rictus suffisant fiché aux coins des lèvres, en train de jubiler sur tes soi-disant traits d'esprit. Depuis quand n'as-tu pas pris deux secondes pour te remettre un peu en question? À quel moment t'es-tu perdu dans ce maelström de cynisme? Qui t'a proclamé juge de tes semblables?

Comme ça, les hipsters sont des snobs? Et tu n'as jamais au grand jamais partagé un article sur Monsanto sur Facebook? Rappelle-moi qui porte une belle barbe taillée et à l'occasion, une petite chemise à carreaux? Et d'ailleurs, ça en est où ton projet de tatouage sur l'avant-bras?

Tu te penses misanthrope? Et cela est censé excuser l'intolérance qui dégouline de chacun de tes propos? Tu es tellement à l'ouest! Les mecs comme toi sont tous pareils. Vous vous placez sur un piédestal en jugeant, critiquant à tout va dans l'unique but de vous rassurer et de museler le terrible manque de confiance en vous qui vous pourrit la vie. Tu penses être spécial? La vérité, c'est que des haineux comme toi, y en des tas. Certains finissent même à la télé, d'autres, les plus doués, font de la politique. Non, tu n'es pas spécial, tu es juste un pauvre connard de plus.

Il est temps maintenant d'abandonner cette partie sombre de toi. Elle n'a pas toujours été là, tu sais. Les années ont laissé s'accumuler cette concentration de douce haine que tu trouvais amusante au début, mais qui désormais a pris trop de place. Quand tu croises un inconnu, tu recherches instinctivement la petite chose qui dénote, l'indice qui entraînera ton implacable jugement. Tu veux vraiment continuer à vivre comme ça? Tu finiras comme ces vieux aigris hantant les PMU qui, finissant leur cinquième pastis de la matinée, souhaitent une bonne vieille guerre pour remettre la jeunesse au pas.

Toutes ces choses qui semblent t'irriter au plus haut point ne sont-elles pas une composante de la diversité qui caractérise l'humanité? Chaque être humain a ses goûts et sa façon de vivre qui lui est propre. Alors, accepte les autres, accepte tes faiblesses et ta vie n'en sera que plus douce.

Oh! T'as vu? Je viens de voir une nana promener son gosse en laisse... Tu crois qu'elle l'emmène au toilettage?

Imprimé en France par CPI Firmin-Didot
en juin 2024
N° d'impression : 180164
ISBN : 978-2-38015-923-3
Dépôt légal : juin 2024